Diogenes Taschenbuch 21454

Hartmut Lange

Tagebuch eines Melancholikers

Aufzeichnungen der Monate Dezember 1981 bis November 1982

Diogenes

Titel der 1983 erschienenen Erstausgabe:
›Deutsche Empfindungen:
Tagebuch eines Melancholikers‹
Umschlagillustration:
Giorgio Morandi, ›Stilleben‹, 1956
(Ausschnitt)

20/99/36/2
ISBN 3 257 21454 5

Ich suche
nach einer Ewigkeit
für Jegliches

Friedrich Nietzsche

Für Kant ist die Kunst »interesseloses Wohlgefallen«. Bemerkenswert, wie genau Kant jenen Bereich an der Kunst ausklammert, der den Menschen zur Bestie machen kann: das Interesse.
Das Interesse ist das Äquivalent von Trieb, Ideologie, Habgier. Trotzdem ist die Definition Kants ungenau, weil sie mit dem Begriff »Interesse« auch den Zweck denunziert. Man kann auch ein Interesse an der Kunst haben, gerade weil sie »interesseloses Wohlgefallen« ist. Und das Interesse an naturwissenschaftlichen Fragen kann ebenso »wohlgefallen« wie der Anblick der Pietà.
Auch Mutter Theresa, die wahrhaftig eine Heilige ist, hat ein Interesse daran, den Armen zu helfen, weil ihr das »wohlgefällt«. Es gibt eben nur Epikureer, wie Büchner in seinem *Danton* sagt, »grobe und feine, Christus war der feinste«.
Trotzdem hat Kant mit seiner Definition die Kunst geadelt, indem er sie von dem gereinigt wissen will, was den Menschen am sichersten zum Guten oder zum Bösen leitet: sein Interesse.

*

Sentimentalitäten gegenüber jenen, die die Zukunft auf ihrer Seite haben, sind, so scheint es, kaum auszurotten.

In den Dramen Tschechows leiden Jung und Alt unter dem Einerlei ihrer täglichen Verrichtungen. Erst Gorki hat den Jugendlichen jenes verlogene Evangelium aufgenötigt, das sie zu besseren Menschen macht, nur weil sie länger zu leben haben.
Man kann ein altes Mütterchen auf der Straße unter dem Aspekt der gesellschaftlichen Ökonomie oder nach den Gesetzen des biologischen Stoffwechsels als minderwertig betrachten. Aber wo bleibt die Spanne an Zivilisation, die jedes gelebte Leben in sich aufgesammelt hat und die nun in der traurigen Hinfälligkeit jedes alten Menschen unwiederbringlich verloren geht? Nicht die Zukunft, die Vergangenheit ist ein Kriterium.

*

Das bewußte Leben hat seine Vergänglichkeit vor Augen, die mit der Zunahme von Gebrechlichkeit einhergeht. Diese Wahrnehmung kann immer weniger durch das Prinzip der Lust ausgeglichen werden. Das Körperliche will weiterleben, das Geistige paralysiert diesen Willen in wachsendem Maße aus Einsicht.

*

Demut ist die sanfteste Art, metaphysischer Not zu begegnen. Hier gesteht der einzelne seine Nichtigkeit ein, behält aber die Möglichkeit, dieser Nichtigkeit weiterhin zu widersprechen. Nur daß diesem Widerspruch nun alle Illusion, aber nicht die Würde genommen ist. Demut ist keine Unterwerfung, sondern jenes einsichtige Selbstgefühl, in dem der einzelne seine Nichtigkeit weiß und doch außerstande ist, sich vor diesem Wissen zu erniedrigen.

*

Die Entwicklung des Selbstgefühls ist eine Entwicklung des Verstandes, der sich von seiner natürlichen Bedingung als verschieden begreift, und hier wird das Selbstgefühl früher oder später unglückliches Bewußtsein. Dies ist der Grund, warum, da die einfache Anschauung der Natur nicht mehr gelingt, eine zweite, eine künstliche Natur als Metaphysik gedacht werden muß. Die Geborgenheit, die uns die Metaphysik geben kann, hat viel mit der Geborgenheit der kindlichen Naivität zu tun.

*

Das wissenschaftliche Denken bleibt, auch wenn es die einfache Anschauung überwindet, durch unsere Außenwelt, besser, durch die Art, wie wir sie wahrnehmen müssen, gefesselt, und nur das spekulative Denken ist wirklich frei. Es kann die Außenwelt Außenwelt sein lassen und in die Metaphysik flüchten.

*

Die Geschichtsphilosophie richtet sich immer gegen den einzelnen. Überhaupt ist die Systematisierung von Geschichte unzulässig und mit ideologischen Absichten verbunden. Wir leben, und unser Nachhinein kann nicht als Spurensicherung für die Gegenwart oder Zukunft gelten. Niemand hat das Recht, unser kurzes Leben als Mittel zum Zweck zu erniedrigen. Dies gilt für die optimistische Geschichtsphilosophie Hegels ebenso wie für jenen Fatalismus, der behauptet, wir seien zur Geschichte verdammt. Unser Nachhinein darf unsere Gegenwart nicht beeinflussen, oder besser: Wenn wir unser Leben mit dem Gedanken der Geschichte auf welche Weise auch immer belasten, unterwerfen wir es einer Systematisierung, die als Alibi für die Geringschätzung des einzelnen dienen kann.

Das Seiende ist einzig die Gegenwart. Das lebendige Bewußtsein kann sich Zukunft und Vergangenheit lediglich vorstellen, und wer aus dieser Vorstellung, aus dieser Chimäre des Bewußtseins verbindliche Maximen für die Gegenwart aufstellen will, subsumiert das Leben unter die Idee. Auch moralische Gründe gelten nicht. Der Hinweis auf verbrecherische Vergangenheit hat noch niemanden gehindert, verbrecherische Gegenwart zu machen.

*

Für Kierkegaard waren die Verinnerlichung und die daraus resultierende Scheu in der Berührung mit der Außenwelt eine wünschenswerte Sublimation, die den einzelnen bereichert. So entsteht die Individualität, die sich der Außenwelt nicht aufdrängt, aber auch nicht vorenthält. Wo der verinnerlichte Mensch die Gesellschaft majorisiert, entsteht jene Verkehrsform, die, weil der eigene Reichtum gelassen und ruhig macht, nur freundlich distanziert ausfallen kann.
Wo der einzelne arm ist, arm an Verinnerlichung, und sein Außengeleitetsein, wodurch er sich definiert, noch ärmer ausfällt, entsteht jene öde Gleichgültigkeit, in der alles zu laut und zu aufgeregt ist.
Aber auch Betroffenheit verbessert die Verkehrsformen. Da die Verinnerlichung zuallererst auch eine Flucht vor den unannehmbaren Bedingungen unserer Existenz ist, entstehen Tabus, an denen sich die Innerlichkeit wie an Wurzeln festklammert und gegen jene Art von Aufklärung wehrt, die alles nur verschlechtert. Man muß nicht alles wissen, besonders da nicht, wo man Mühe aufgewandt hat, ein unannehmbares Wissen wieder zu verschleiern. Es ist barbarisch anzunehmen, daß sich der Mensch durch Wissen humanisiert.

*

Auch für Kierkegaard war der Mensch ohne metaphysischen Rückhalt undenkbar. Er gab ihm das Unendliche, das an seiner Zeitlichkeit erscheint. Der Rest war regelloses Risiko. Aber an Gott hat Kierkegaard festgehalten, besonders wenn er das provinzielle Kopenhagen vor Augen hatte.
Wie Schopenhauer und Nietzsche gehört auch Kierkegaard jener Generation der zweiten Hälfte des 19. Jahrhunderts an, die Hegel verabschiedete. Aber was man verabschiedet, haftet einem noch an.
Der moderne Existentialismus muß ohne Gott, ohne Verabschiedung philosophischer Systeme, ohne metaphysischen Rückhalt auskommen. Aber wo die Wahrheit nackt erscheint, muß sie wieder eingekleidet werden. Die Sehnsucht nach neuen Mythen ist unübersehbar.

*

Die Natur kann Empfindungen hervorrufen, in denen wir unser Anderssein bedauern und eine Verwischung jener Grenze herbeisehnen, die uns von der angeschauten Natürlichkeit trennt.
Die schwarzen Gewässer des Berliner Tiergartens, die eine abgründige Tiefe vortäuschen und die im Herbst, wenn die riesigen Pappeln ihre Blätter verlieren, alles Leben, das sich den Sommer über angesammelt hatte,

zu sich hinabziehen, erwecken in mir jenes unbestimmte Gefühl, das keine Gründe für die Unterschiedenheit zwischen Natur und Subjekt mehr geltend machen kann.

Oder wenn an der Unterhavel bei einbrechender Dunkelheit der Mond aufsteigt und die dampfende Wasserfläche Nebelschwaden zu erzeugen beginnt, wenn die Kiefernwälder bis an die Ufer und darüber hinaus in die Tiefe zu drängen scheinen und man selbst, von einem Anglersteg gehalten, der bis in die Flußmitte hinausreicht, sich diesem Naturschauspiel mit vollem Bewußtsein einordnet, dann sehnt man jene Grenzüberschreitung herbei, die man gleichzeitig zu fürchten hat.

*

Nietzsches Werk ist bis zur Mißverständlichkeit inkommensurabel. Hier hat ein einzelner kompromißlos und ungefiltert seinen Verwicklungen mit der Welt Ausdruck gegeben, und wo Nietzsche außerstande oder nicht willens war, mit den Mitteln des Begriffs seine Empfindungen zu ordnen, entsteht jene Tiefe, die Nietzsches Unheimlichkeit und Aktualität ausmacht. Auf die Entwicklung der politischen Ökonomie, die in der Kapitalanalyse von Karl Marx gipfelte und der Massenemanzipation gewidmet war, reagiert Nietzsche mit seinem unbedingten, unbeherrschten und dadurch zügellosen Willen zur Individualität. Aber nur so konnte er in jene Landschaften vorstoßen, die die Fes-

seln der Sittlichkeit nicht mehr kennen, und da das Sittliche das Wahre oft verdeckt, wurden auch an Nietzsche Wahrheiten nicht zur Kenntnis genommen, weil sie den Ansprüchen des Sittlichen rigoros widersprachen.
Für Georg Lukács zerstört Nietzsche jene Vernunft, die durch die Anstrengungen der klassischen deutschen Philosophie hervorgebracht wurde; auch wurde Nietzsche durch die Fälschungen der Schwester und durch die Verballhornung besonders seiner Begriffe »Wille« und »Macht« den Rassenideologen zugerechnet. Aber widersprochen wurde ihm immer nur von der Position des Sittlichen aus. Er, der so unbedingt und emphatisch aus dem »Jenseits von Gut und Böse« die Welt für sich aus den Angeln heben wollte, wird immer nur unter die Begriffe »Gut« oder »Böse« subsumiert. Für soviel kritische Entrüstung erfand Nietzsche den Begriff der »Moralinsäure«, die er besonders den Deutschen anlastete, und es wäre interessant festzustellen, inwieweit Nietzsche gegen die Forderung der sozialen Gerechtigkeit, jenes sittliche Gebot, das eine »soziale« Völkerwanderung ausgelöst hat, recht behält.
Es erübrigt sich darauf hinzuweisen: Das Gebot der sozialen Gerechtigkeit ist eine der Hauptforderungen der kritischen Vernunft, und zwar zum Wohle des einzelnen. Wer hungert, muß sein Leben als Subsistenzmittel einsetzen, und erst nach der Befriedigung all jener Bedürfnisse, die uns der natürliche Stoffwechsel aufzwingt, können wir die Grenze vermuten, durch die sich der Mensch vom Tier unterscheidet.
Nun zeigt aber die Geschichte der sozialen Bewegung, daß alle Bemühungen um den einzelnen zuletzt gegen

den einzelnen sich richten, und daß die soziale Aufklärung immer nur in der Anonymität des Durchschnittlichen zur Geltung kommen kann.
Die soziale Forderung ist für den einzelnen lebensnotwendig, sie kann aber, wenn der einzelne sich nur für die soziale Verstrickung interessiert, zur Einengung seiner Individualität führen. Es ist durchaus möglich, wir haben dieses Beispiel täglich vor Augen, daß der Mensch im Kampf um seine soziale Emanzipation so sehr verkrüppelt, daß er an diesem Kampf, auch wenn er ihn längst gewonnen hat, immer noch sein Genüge findet. In den Ländern, in denen der Marxismus zur herrschenden Ideologie verkommen ist, gilt der einzelne nichts, und die Berufung auf ihn ist nur noch eine Fassade, die die Herrschaft der legislativen und administrativen Gewalt kaschieren soll. Hier wurde das Gebot der sozialen Gerechtigkeit derart pervertiert, daß der einzelne darunter verelendet. Die westlichen Demokratien kennen das Gebot der sozialen Gerechtigkeit nicht als totalitäre Herrschaftsform, hier hat der einzelne die Freiheit, sich durch soziale Frömmelei selbst zu verkrüppeln.
Das soziale Engagement ist nur Mittel zum Zweck. Das Soziale muß im Existentiellen verankert bleiben, und wer dies vergißt, vergißt die metaphysische Bedürftigkeit des Menschen, jene Bedürftigkeit, die ihn zwingt, seine sinnlose Existenz mit soviel Verdrängung und Sublimation auszufüllen, daß er zum zweiten Schöpfungsakt, zur Hervorbringung von Kultur fähig wird. Nur weil wir der Vergänglichkeit verhaftet sind, werden wir gezwungen, unsere kurze Spanne Leben mit den Mitteln der Phantasie und dem Raffinement der Ablen-

kung aufzubessern, und Zeiten, in denen dies am vorzüglichsten gelingt, rechnen wir zu den Hochkulturen. Epochen, in denen das soziale Engagement die gesellschaftlichen Verkehrsformen beherrschte, waren von jeher kulturarm, und wie die Völkerwanderung die Zerstörung der hellenistischen Kultur besiegelte, erleben wir heute eine »soziale« Völkerwanderung, deren Folgen unabsehbar sind.

Die sogenannte »Kulturrevolution« in China verbot Beethoven und verantwortete den Völkermord in Kambodscha, immer unter Berufung auf das soziale Engagement und mit einer barbarischen Vehemenz, die die Zerstörungswut der Vandalen übertraf. Die westlichen Demokratien fühlen sich immer noch der Kulturkontinuität verpflichtet, die das geschichtsphilosophische Ideal des 18. und 19. Jahrhunderts war. Aber auch hier beginnt die Aufweichung, die im westlichen Teil Deutschlands seit den späten sechziger Jahren die Entindividualisierung zum Maßstab aller Dinge machte. »Der lange Marsch durch die Institutionen«, eine Taktik, die sich auf Mao Tse Tung beruft, hat längst begonnen und schwächt auch den Willen zur Kulturkontinuität dort, wo er lange Zeit ungebrochen schien. Die meisten Künstlerverbände definieren sich nur noch gewerkschaftspolitisch. Eine Umfrage unter Schriftstellern, was von Johann Wolfgang von Goethe zu halten sei, endete mit dem Willen zur kenntnislosen Barbarei. Das Palaver derjenigen, die sich wenig um Literatur, viel aber um verbandsinterne Verfahrensfragen kümmern, wird auch im P.E.N.-Zentrum unüberhörbar. Das soziale Engagement verkommt zur Modeethik, und wie sollte dieser Prozeß aufzuhalten sein, wenn maßgebliche Persönlichkeiten der sozialen

Frömmelei mit den Mitteln ihrer enzyklopädischen Bildung Vorschub leisten und alles vergessen oder verschweigen, was zur Voraussetzung jener Friedensbewegung hätte dienen können, die nun überall mit besonderem Eifer als Kulturersatz in Szene gesetzt wird. Wer sich so sehr um die Erhaltung des Lebens sorgt, sollte auch danach fragen, ob das Leben lebenswert ist, ob wir uns darin frei und unseren Möglichkeiten entsprechend einzurichten wissen, statt auf jenes gedankenlose Durchschnittsverhalten herabzusinken, in dem jede Anstrengung zur Individualität ersticken muß.

Für Nietzsche war die Kulturkontinuität eine Sache der Zivilcourage, und nicht die sublime Antwort auf unsere existentielle Not. Wie bei Marx, so war auch bei ihm der Atheismus noch ein Instrument zur Aufklärung. Aber Nietzsche will den einzelnen, nicht die Masse ins Recht gesetzt wissen. »Nicht der Mensch, der Übermensch ist das Ziel« heißt jene geniale gattungsgeschichtliche Formel, die Nietzsche Marx überlegen macht und die unter einer Kruste von Fehldeutungen, Mißbräuchen und »moralinsaurer« Entrüstung wieder freigeschaufelt werden muß. Marx, der den Menschen durch einen positiven Materialismus befreit wissen wollte, gibt keine Antwort darauf, wie wir einer Welt der Gleichmacherei, der Übermacht der Produktivkräfte und der Zerstörung der Kultur auf humane Weise begegnen können. Nietzsche hatte kaum Kenntnis von den Leistungen der Nationalökonomen seiner Zeit, und doch ahnte er, daß der Mensch zuallererst durch Zwangsarbeit und soziales Engagement an der Entfaltung seiner Individualität gehindert wird, die Nietzsche als »Übermenschen« setzt.

Die Einführung der Mikrotechnik stellt uns endlich jene sorgenfreie Zukunft in Aussicht, in der der einzelne nicht mehr gezwungen sein wird, sein Leben ausschließlich als Subsistenzmittel einzusetzen, aber hier wird der Mensch mit seinen Verkrüppelungen nicht ausreichen, hier werden wir den »Übermenschen« allerdings bitter nötig haben.
Die rassistischen und elitetheoretischen Deutungen, die diesem Begriff anhängen, verkennen, wie sehr Nietzsche schon in seiner Zeit, in der sich die »soziale« Völkerwanderung erst auf zaghafte Weise ins Recht zu setzen versuchte, als rigorose Individualität ins Abseits gedrängt wurde.
Nietzsches Werk ist bis zur Mißverständlichkeit inkommensurabel. Die gelegentlichen Überspanntheiten seiner Gedanken gehören jener Sensibilität an, die alle Eindrücke, alle Verwicklungen, die sie mit der Welt erfährt, ungefiltert wieder von sich gibt, statt sie, wie die Philosophie es fordert, in einem System zu ordnen, wo sie dann allerdings mit der Unschärfe auch ihre Tiefe und Totalität verlieren würden. Nietzsches Werk ist zu einem großen Teil aus Kränkung entstanden, auf deren nähere Bedingung hier nicht eingegangen werden muß, da auch der Reflex auf eine Kränkung objektive Sachverhalte aufdecken kann. Wichtig ist, er ahnte bereits, daß die »soziale« Völkerwanderung den Zerfall der Kultur für lange Zeit besiegeln würde, und er wollte die »Viel zu Vielen«, um deren Emanzipation der Sozialismus bemüht war, wieder in den Stand der Sklaverei zurückversetzen. Die Epigonen Nietzsches modifizierten diese böse Romantik zur Rassenideologie, die im Zweiten Weltkrieg von den Deutschen gegen Slawen und Juden konsequent verwirklicht wurde.

Nietzsches Forderung nach dem Genie war natürlich nicht rassenideologisch, sondern anthropologisch gemeint. Seine Forderung ist heute aktueller denn je. Das 20. Jahrhundert, das Zeitalter der Massenemanzipation, ist gleichzeitig jenes Zeitalter, in dem die Kultur, obwohl neue Herrschaftsgebilde entstanden sind, kontinuierlich abnimmt. Wissenschaft und sozialer Fortschritt reichen zur Emanzipation des Menschen nicht aus, und es steht außer Zweifel, wir sind dabei, nachdem die Menschwerdung des Affen gelungen ist, die Chance zur Geniewerdung des Menschen zu verspielen. Es versteht sich von selbst, daß das Genie nicht zur Regel erhoben werden kann, sondern immer nur als ideales Muster gilt, an dem wir uns in aller Nüchternheit auszurichten haben. Es versteht sich ebenso von selbst, daß unter Genie hier der Wille und die Fähigkeit zur entwickelten Individualität gemeint ist. Aber auch dieser Geniebegriff gilt heute schon als sozial obszön, das Mittelmaß als Muster der Menschwerdung des Affen. Und man darf sich unter Berufung auf Nietzsche fragen, wer nun eher zu den Lebenden gezählt werden könnte: Der Sklave der römischen Republik oder der durch die Medien verkabelte Mensch.

*

Je freier eine Gesellschaft in ihren Verkehrsformen ist, je mehr sie Platz läßt für die Selbstverwirklichung des einzelnen, je mehr sich die administrative und exekutive Gewalt zurückhält, desto verantwortlicher wird der

einzelne für das Resultat einer solch freien Gesellschaft. Wo die Summe der Individualitäten hoch entwickelt ist, wo die Freiräume mit belangvollem Leben ausgefüllt werden können, braucht niemand besorgt zu sein. Aber wo die Summe der Individualitäten kümmerlich ausfällt, wird ein um so mehr an Freiheit dieses Kümmerliche multiplizieren, und eine freie Gesellschaft, die nur von unfreien, unentwickelten Individuen in Anspruch genommen werden kann, wird zum Abstraktum und somit zum Grab, das auch den Rest, besser die Möglichkeit zur belangvollen Lebensäußerung wegschluckt. Hier winkt die Freiheit nur noch als Gespenst, und der einzelne erscheint vor ihrem Anblick unmündig wie ein Kind, das eine Scheune in Brand setzt, weil es die Freiheit dazu hat, aber nicht weiß, wozu ein Ballen Stroh und eine Schachtel Streichhölzer dienlich sind.
Es versteht sich von selbst, daß gesellschaftliche Freiheit nur unter den Bedingungen materiellen Wohlstands möglich ist. Aber wehe der reichen Gesellschaft, die es verlernt hat, Tempel zu bauen.

*

Der Soziologe sieht das Individuum relativ. Für ihn wird der einzelne definiert durch die Verkehrsform mit den anderen. Die absolute Individualität erkennt er nicht an, das Schicksal des einzelnen sieht er nur sozialkritisch. Aber keine soziale Determinante, nicht einmal die beste, die wir uns denken können, ist Grund-

lage und Ursache für den Lebenswillen des einzelnen. Insofern kann der Soziologe, der den Selbstmord der Madame Bovary gesellschaftlichen Ursachen zuschreibt, nie begreifen, warum der eine an Lebensumständen zerbricht, die der andere meistert. Madame Bovary stirbt nicht nur an ihren gesellschaftlichen Bedingungen, sondern ihre absolute Individualität ist außerstande, ein Leben in der Provinz an der Seite eines mittelmäßigen Mannes zu ertragen.
Die absolute Individualität ist die einzige Form, in der wir sind. Die gesellschaftlichen Bedingungen können uns diese Form erträglich oder weniger erträglich machen, aber sie können uns nicht davon erlösen.

*

Als Bloch gestorben war, versuchte einer seiner Schüler im Fernsehen die Quintessenz seines Denkens zu formulieren: Es war der aktive Wille, der Vernunft, die dem Menschen als Möglichkeit gegeben ist, zu ihrem Werden zu verhelfen. Eine ehrenhafte Aufgabe. Aber mir scheint, wer sich immer nur mit der Vernunft beschäftigt, wird phantasielos.
Ich werde nie das letzte Interview mit Bloch vergessen, als dieser, über den Tod befragt, antwortete, auch der eigene Tod sei Gegenstand seiner Neugierde. Dann ging er zum Klavier und versuchte einige Melodien aus der Dreigroschenoper zu rekapitulieren. Ich war beeindruckt. Ich wurde das Gefühl nicht los, daß es Bloch gelungen war, die Vernunft zeitlebens als Spielzeug zu betrachten.

*

Was an Bloch langweilt: Seine Hoffnung auf die Vernunft als positive Form des Denkens. Diese Hoffnung ist bei ihm nicht als hoffnungslos aufgefaßt, was sie vernünftigerweise ist. Bloch unterschlägt den Ausweg Hegels, den Hinweis auf Gott, läßt aber das Loch, das nun entsteht, unabgedeckt. Dies schon angelegt bei Marx, der die Befreiung der Massen zur Forderung der Vernunft erhebt und durch seine Kritik an Hegel das Bedürfnis nach Metaphysik seiner Gedankenwelt austreibt.

Aber die Ausrichtung und Verwicklung des Vernünftigen mit dem Sozialen macht alles unklar. Das Soziale ist unsere konkrete Bedingung auf dieser Welt. Sie vernünftig zu ordnen ist die eine Sache, die andere: Wir sind unserer biologischen Bedingung vernunftlos und also hoffnungslos ausgeliefert. Wer an der Vernunft Gott konsequent streicht, darf sich nicht mehr auf Hegel, er muß sich auf Schopenhauer berufen.

*

Hegel und Schopenhauer gelten heute noch als unvereinbar, sie sind aber Januskopf ein und derselben Sache. Beiden ist der Intellekt ein Verhängnis, mit dem sie auf gegensätzliche Weise versuchen fertigzuwerden. Hegel, indem er die Möglichkeit zur Vernunft als unendlichen, bis ins Absolute sich fortsetzenden Pro-

greß behauptet, Schopenhauer, indem er dem Intellekt jede Möglichkeit zur Erkenntnis und Selbsterkenntnis abspricht. Schopenhauer sieht jede denkende Individualität als Abspaltung vom »Weltwillen«, in den sie zurückkehren muß. Merkwürdige Form von Pantheismus. Der klassische Pantheismus verkoppelt den Intellekt mit der Natur noch gleichberechtigt, Schopenhauer streicht den Intellekt als Täuschung, setzt aber mit dem »Willen« doch wieder eine Existenzform von Gott. Die Philosophie Schopenhauers ist moderner als die Hegels. Streicht man an seinem Naturbegriff den »Willen« und setzt die willenlose, blinde Kausalität, erhält man den Existentialismus.
Der intellektlose »Wille« ist bei Schopenhauer letztlich auch nur ein Versuch, die denkende Individualität zu retten. Bei Hegel verwundert der bedingungslose Optimismus, die Möglichkeiten zur Vernunft betreffend, bei Schopenhauer verwundert: Woher weiß er, daß es die Materialität als »Willen« gibt, wenn er dem Intellekt jede Form des Wissens abspricht und ihm nur die Fähigkeit zur Vorstellung offenläßt?
Schopenhauer war lange verkannt. Seine schließliche Entdeckung und die Verabschiedung Hegels beweisen, wie eingleisig, widerspruchslos jede Epoche Denkleistungen zur Kenntnis nimmt.

*

Vor Jahren habe ich meine Bekannten mit Engels' Artikel über die Urschweizer traktiert. Wie groß war mein Vergnügen, wenn Engels den Sieg der Schweizer bei Sempach und Morgarten als Sündenfall darstellte, der die Schweizer für immer von der europäischen Zivilisation ausschloß, und wie begeisterte mich seine Bemerkung, daß es nötig wäre, einige tausend Schweizer an die Wand zu stellen, um sie in den Kreislauf der Weltgeschichte zu zwingen. Überhaupt charakterisiert der großzügige Umgang mit Leichenbergen, den Engels als Indiz gesellschaftlichen Fortschritts für unumgänglich hielt, die Verrohung, die im revolutionären Ideal des Marxismus steckt.
Es ist die hochmütige Freude, Sachverhalte ausschließlich durch die Brille der erkennenden Vernunft zu ordnen. Man schwelgt in dem Vergnügen, alles begriffen zu haben, und auch die tragischsten Verwicklungen werden so scheinbar aufgelöst, oder doch wenigstens gebessert. Es ist dies eine Position der ewigen Überlegenheit, der etwas Herzloses, Zynisches anhaftet. Man erfährt nie das Gefühl der Betroffenheit oder eine Ahnung davon, daß sich die meisten Dinge dieser Welt durch den Verstand allein nicht bessern lassen.

*

Wer die Welt zum Begriff erhebt, kann sie darin verschwinden machen. Hermann Hesse hat darauf hingewiesen, daß mit dem Tode jedes Menschen ein Kosmos zugrunde geht. Der Begriff und seine ideologische Verballhornung können mörderische Leistungen des Intellekts werden, und keine Idee, keine utopische Vision hat das Recht, in das unwiederholbare Leben des einzelnen gewalttätig einzugreifen. Aufklärung ohne Trauer, Wissenschaft ohne Demut, Erkenntnis ohne Betroffenheit können tödlich wirken.

*

Feuerbachs Kritik am Christentum war, wie sich herausstellt, eine verheerende Denkleistung. Der Nachweis, daß Gott eine Projektion menschlicher Bedürftigkeit ist, war höchstens historisch interessant. Mir sind alle naiveren Bemühungen, die Existenz Gottes spekulativ zu retten, lieber.
Was hat Feuerbach erreicht? Es ist kein Verdienst, Gott als Projektion zu entlarven. Die Projektion ist nötig, und wo sie nicht mehr zu leisten ist, fängt das unglückliche Bewußtsein an. Zweierlei ist an der Theologie wichtig: erstens, die sittlichen Gebote, zweitens, der spekulative Hinweis auf Gott und das Versprechen der Heilserwartung. Das Letztere hält unserer kritischen Vernunft nicht stand. Darüber kann man nicht trium-

phieren, es macht betroffen. Die sittlichen Gebote sind nötiger denn je, auch in ihrer naiven Form, da der Sozialismus sittliche Gebote zwar postuliert, aber durch seine Praxis wieder aufgegeben hat.
Und noch eine Überlegenheit der christlichen Moral über die des Materialismus: das Christentum bleibt spekulativ mit seinem Hinweis auf Gott, der Materialismus verspricht jede Spekulation überflüssig zu machen, was unmöglich ist.
Die Auflösung der Religionen, die Überheblichkeit der modernen Gesellschaftswissenschaften machen uns das Leben immer schwerer. Der Versuch, die spekulative Vernunft aufzulösen, muß in der Selbstaufhebung jeder Vernunft enden.

*

Der Glaube bleibt wünschenswert, wo er den Menschen in jener Nähe zur Natur und zu sich selbst gefangenhält, die ein Verwildern des Intellekts, besser, den zügellosen Hunger nach Erkenntnis nicht zuläßt.
Es gibt einen Bannkreis, eben jene Nähe zur Natürlichkeit, der uns beruhigt und den wir nur bei Strafe unerlösbarer Unruhe verlassen dürfen. Die Angst, die auch im Glauben nistet, wird durch die Unentwickeltheit des Intellekts erträglich gehalten. Wo der Intellekt den Glauben überwindet, wird die Angst frei und auf sich selbst verwiesen, und wir können nun keine übernatürlichen Gründe mehr geltend machen, um von der Angst wenigstens teilweise wieder loszukommen.

*

Der Intellekt muß seine Natürlichkeit, die er fliehen will, wenigstens in der Anstrengung des Gedankens zurückgewinnen.

*

Horkheimer beschwor im Alter eine gedachte Transzendenz, die der Realität ethisch widersprechen sollte. Er war kein Christ, aber auch bei ihm unternimmt das vernünftige Denken und Empfinden, das in den Tatsachen des Lebens keine Bestätigung finden kann, die Flucht ins Metaphysische.
Das Denken, das unser Leben pervertiert, bleibt offenbar außerstande, dieser Perversion aus vollem Herzen zuzustimmen.

*

> »Ein Talent haben ist nicht genug,
> man muß auch eure Erlaubnis dazu haben,
> wie, meine Freunde?«
>
> (Friedrich Nietzsche)

Die Vorreden, die Nietzsche 1886 geschrieben hat, lesen sich wie ein Psychogramm. Es sind die letzten Zeugnisse vor dem Ausbruch seiner Krankheit, in denen er noch die Kraft hatte, seine Befindlichkeiten ohne die Emphase des Größenwahns niederzuschreiben. Faszinierend, wie hier der Poet den Philosophen endgültig überholt hat, wie die Psyche seinen Willen zur sachlichen Reflexion verdrängt, und wie er besonders in der ersten Vorrede zu *Menschliches, Allzumenschliches* unumwunden zugibt, daß er aus Lebensschwäche gezwungen war, mit dem Hammer zu philosophieren.

Nietzsche ist für mich kein Philosoph, sondern ein reflektierender Poet. Seine Reflexe auf die Umwelt werden nicht vom Verstand, sondern von der Emotion bestimmt, und hier reagiert er narzistischer als Goethes *Tasso*. Der Erfolglose ist gekränkt. Die »Umwertung aller Werte« bezeichnet er als Krankheit, die er an sich selbst vollzogen hat, weil er von den Werten enttäuscht wurde. Er pendelt in der Unentschlossenheit seiner Kränkung zwischen dem Wunsch zu genesen, d.h. die »Umwertung aller Werte« rückgängig zu machen, und der Hoffnung auf die Zukunft, die er sich aber auch wieder nur als jene vorstellen kann, in der ihm der ersehnte Erfolg zuteil wird. Diesen Konflikt trägt er erbarmungslos mit sich selbst aus. Er hat keinen lebenden Partner und muß sich die Gestalten, mit denen er Zwiesprache halten will, erst unter gedanklichen Qualen selbst erfinden. Aber nun schickt er das Resultat seiner auf die Spitze getriebenen Einsamkeit als Bücher in die Welt hinaus, um von dieser Einsamkeit Zeugnis abzulegen und bleibt wieder einsam. Es ist die Qual desjenigen, der nicht anerkannt wird und also gezwungen ist, sich selbst nochmals ausdrücklich anzuerkennen, um zu erfahren, daß diese Selbstanerkennung auch nicht

anerkannt wird. Ein Circulus vitiosus, der zu *Ecce Homo* und zum Wahnsinn führen muß.
Dabei hatte Nietzsche, was das Leben betraf, keine unerfüllbaren Wünsche. Er begann als schwärmerischer Adept Wagners, mit dem er die Bewunderung für Schopenhauer teilte. Er zog daraus Stoff für seine Schriftstellerei, die ausgereicht hätte, ihm auf Dauer einen Ruf zu sichern *(Geburt der Tragödie, Unzeitgemäße Betrachtungen).*
Die schwärmerische Gehemmtheit für das andere Geschlecht und die Überspanntheiten, seine Selbsteinschätzung betreffend, hätte eine Heirat mit Lou Salomé regeln können, die er ausdrücklich wünschte. Auch für Goethe war die Liebe eine Himmelsmacht, die ihm oft verweigert wurde, aber bei Nietzsche reichte die erste Verweigerung aus, um sich durch das »ewig Weibliche« hinabgezogen zu fühlen. Hätte Lou Salomé in die Heirat eingewilligt, vielleicht wäre Nietzsche als Vater und Baseler Professor glücklich, aber bedeutungslos geendet.
Anerkennung, Eheglück, Normalität, dies waren die Werte, die er meint, wenn er von der »Umwertung aller Werte« spricht und die er 1886 als Gründe für seine krankhafte Vereinsamung nennt und die er sich ausdrücklich in die Erinnerung zurückholt, wenn er von seiner Genesung spricht. Kein Philosoph ließe sich dazu hinreißen, aus Rachsucht Gehässigkeiten gegen das Weibliche in Maximen festzuhalten.
Nietzsche hat, auch wenn seine reflektorische Kraft dem zu widersprechen scheint, keine Philosophie vorzuweisen, mit der er sich hätte trösten können. Es ist das Merkmal aller Philosophen, daß sie sich Konstruk-

tionen schaffen, an denen sie ein Genüge haben. Nietzsche aber litt an seinen Gedanken, die darum vor allem über seine Unfähigkeit zu leben, über seine stilistische Meisterschaft, über seine genialen Anlagen zum Poeten Auskunft geben.

*

Armselig, wie die Kritik die Tagebuchaufzeichnungen von Thomas Mann zur Kenntnis genommen hat! Mann notiert, er hätte eine Vorstellung *Richard II.* besucht, in der Pause Kaffee getrunken, ihm wäre der heutige Tag besser bekommen als der gestrige, er fühle sich gelegentlich psychisch unwohl usw. Diejenigen, die sich über die Kunstanstrengungen Thomas Manns in seinen Romanen mokierten, finden nun alles unter ihrem Niveau. Hier entlarvt sich die neidische Ambition, die es selbstverständlich nicht wagen würde, Banalitäten über einen Theaterabend aufzuschreiben.

*

Die Beschreibung Balzacs, den Pariser Kulturbetrieb betreffend, ist heute noch gültig. Historisch modifiziert, versteht sich. Aber die Teilung zwischen jener, in der Öffentlichkeit wirkenden Modeschriftstellerei, an der Rubempré scheitert, und Schriftstellern, die wie d'Arthez im Verborgenen arbeiten, besteht immer noch. Schriftsteller wie d'Arthez schreiben aus Zivilcourage. Wehe der Gesellschaft, die jene Courage endgültig aushungert!

*

In jedem Drama, das den Anlaß seiner Entstehung überdauert, hat der Dramatiker seine Zeit auf den kürzesten Nenner seiner Empfindungen gebracht, und nur dadurch bleibt seine Hervorbringung auch für spätere Generationen interpretierbar. Aber auch jeder andere Künstler, ob Maler, Schauspieler oder Regisseur, interpretiert seine Erfahrungen mit der Umwelt, indem er sie emotional bündelt. Er sammelt seine Eindrücke und Erfahrungen wie in einem subjektiven Brennglas, und es ist die Qualität seiner Empfindungen, die seine Kunst von den Machwerken der Scharlatane abgrenzt. Nur wer zur gleichen Resignation und Trauer wie Pirandello fähig war, konnte wie Strehler die *Riesen vom Berge* so erschütternd in Szene setzen, nur wer wie Bergman die gestörte Abhängigkeit zwischen Mann und Frau kennt und fürchtet, wird fähig sein, die Stücke von Ibsen und Strindberg am Leben zu erhalten. Johannes Brahms war nur durch Zureden bereit, eine Vorstellung des *Don Giovanni* in Budapest zu besuchen, die Gustav Mahler dirigierte, da bisher jede Darbietung dieser Oper, die Brahms über sich hatte ergehen lassen müssen, weit hinter Mozarts Vorlage zurückgeblieben war. Mahlers Darbietung aber überraschte Brahms. Er war begeistert. Er feierte den jungen Interpreten, weil

dieser Mozart wiedererstehen ließ, aber mit eigenem Feuer, eigener Zartheit. Mahler versuchte nicht Mozart zu kopieren, das hatte er nicht nötig. Er war zur Verwandtschaft mit Mozart fähig, und hier haben wir die konkrete Fülle am Begriff *Interpretation*. Der Anlaß zur Kunst vergeht, aber die Kunst selbst hat die Fähigkeit zur Kontinuität - durch Metamorphose.
An jeder Realisation eines Dramas, die das öffentliche Interesse nicht nur bedient, sondern bessert und erzieht, sind mindestens zwei Künstler beteiligt: der Dramatiker und der Interpret. Der Dramatiker formuliert seine Erfahrungen mit der Umwelt als Texte für das Theater, der Interpret benutzt diese Texte, um seine eigenen Erfahrungen auf dem Theater szenisch zu formulieren, und nur wenn Drama und Interpret zur gegenseitigen Metamorphose von öffentlichem Belang fähig sind, sprechen wir von Theaterkunst. Andere Vorgänge auf dem Theater entstehen zumeist aus dem Hokuspokus der Manipulation.

*

Das Ansehen der lebenden Autoren ist bei den Theatern bis zur Verachtung herabgesunken. Es herrscht das sogenannte »Regietheater«. Man wird an die Zeiten Zschokkes erinnert.
Die Theater haben die lebenden Autoren fast immer schlecht behandelt, und dies unter Berufung auf die toten, die zu Klassikern erhoben wurden. Das Theater lebt von der Reproduktion der Dichtung, und doch

behandelt es jene Leute, die seine Existenz überhaupt erst möglich machen, wie Bettler. Wir erleben heute, wie sich vor allem die Regisseure an der Theatersubvention bereichern, indem sie nicht nur enorme Gagen, sondern auch Tantiemen für jene Klassiker beanspruchen, die sie in Szene setzen. Auch für Übersetzungen werden Tantiemen gezahlt, die man neuen Stücken verweigert. Es ist einträglicher, Tschechow oder Molière zu übersetzen, als neue Stücke zu schreiben.
Die Beamtenschaft, die das Theater heute repräsentiert, mag die lebenden Autoren und ihre Anstrengungen schmähen, wahr bleibt: Das Theater hat nur in den seltensten Fällen das Niveau jener Dichtung reproduzieren können, auf die es sich berufen muß.

*

Vor Jahren war ich mit Bloch einverstanden, der den Untergang des Polytheismus als Unglück deutete. Mir war der freie, von humanisierten Göttern bevölkerte Himmel der Griechen und Römer jene Luft, in der ich atmen konnte. Das Christentum war mir als Abschaffung all jener Freiheit ein Greuel, die absolute Verinnerlichung, die Lebensverneinung, der Hinweis auf einen Gott, auf dessen Gnade man, falls die Verinnerlichung vollkommen gelang, rechnen konnte, dies alles erschien mir düster und gotisch und auf einen einzigen Punkt, auf das Sterben, ausgerichtet.
Heute hat meine Stimmung gewechselt. Die unbeding-

te Freude und Freiheit, die kindliche Unbekümmertheit der griechischen Mythologie spart die existentielle Not unseres Lebens aus: die Frage nach dem Sinn und nach der Vergänglichkeit. Ich sitze deswegen nicht im Betstuhl, aber eine Verschiebung in meinem euphorischen, sich ganz frei fühlenden Gemüt hat stattgefunden.
Wenn man mich nach dem Ort fragen würde, in dem ich mich heute existentiell gefangen fühle, so würde ich die Dantesche Vorhölle nennen, in der die griechischen Helden, da sie von ihrem Sündenfall noch nichts wissen konnten, unter milderen Umständen versammelt sind.

*

Musik und Malerei fordern die starke, entwickelte Emotionalität. Hier ist das allgemeine Äquivalent, durch das sie wirken, unbewußter als in der Literatur, die das Begriffliche zur Voraussetzung hat. So gesehen sind an der Malerei und an der Musik Glanz und Elend einer Epoche am deutlichsten ablesbar, da Maler und Musiker außerstande sind, einen müden Zeitgeist mit den Mitteln des Begriffs (zum Beispiel durch geschichtsphilosophische Anleihen) aufzubessern.

*

Scarlattis Cembalosonaten wirken durch ihre Leidenschaft, die aber nicht nach innen gerichtet ist, sondern bis zur Aggressivität kommunizieren will. Es ist die Mischung aus der Kälte des absolutistischen Zeitalters, die den Verstand favorisierte, und der Leidenschaft, die bewußt geführt und durch die Raffinesse der Form gesteigert wurde.

*

Ich höre Schumanns Klaviersonaten. Sie sind kraftvoll, von diffuser Strenge, kurzatmiger als Beethovens Sonaten, aber die Verwandtschaft beider Musiker ist offensichtlich. Die Verinnerlichung der Musik, ihre Loslösung vom Zeitgeist des Absolutismus, der nach außen gerichtet war, beginnt mit Beethoven und setzt sich bis Brahms fort, der die strenge, äußerliche Ordnung von Klassizität noch beibehält. Erst nach Verwischung dieser äußeren Kontur beginnt die neue Musik, deren Rückzug in die Innerlichkeit auch den Rest jener Form aufzehrt, die die Musik des Absolutismus bis zur Erstarrung ausgebildet hatte. Bruckner und Mahler sind hierfür beispielhaft.
Schumanns Erfolglosigkeit, die den empfindsamen Mann bis ins Innerste erschütterte, hat seiner Psyche alles, seiner kompositorischen Kraft nichts anhaben können. Schumann wehrte sich gegen die Mißachtung

seiner Zeitgenossen so lange durch schöpferische Arbeit, bis sich das hohe C, das seine einzige Waffe war, im Kopf verselbständigte.

*

Caspar David Friedrich hat wie Munch seine existentielle Befindlichkeit gemalt. Aber bei Munch majorisiert der Mensch die ihn umgebende Natur, besser: Die Natur wird Mittel zur Darstellung der subjektiven Befindlichkeit. Dies ist bei Munch bis ins Symbolische gesteigert. Die Natur wird künstlerisches Hilfsmittel bei der Darstellung existentieller Not, etwa der Angst, die sich nicht nur in den Gesichtern, sondern in der Verformung ihrer näheren Umgebung abzeichnet.
Munch hat die Rigorosität, die von den französischen Impressionisten das erste Mal vollzogen wurde, nämlich die Natur nicht mit erkennenden, sondern mit empfindenden Augen zu sehen, längst hinter sich. Er splittert die Natur nicht mehr mit der Vielfalt ungewöhnlicher Farben auf, sondern preßt sie holzschnittartig zusammen.
Caspar David Friedrich malt Natur und Menschen noch naiv, um genaue Gegenständlichkeit bemüht, mit erkennenden Augen. Ihm ist die reale Wiedergabe des Augenscheinlichen noch Muster aller Meisterschaft, aber sein Genie steht eben jener angestrebten Meisterschaft im Wege. So entsteht ein merkwürdiger Bruch zwischen Mensch und Natur, eine Beziehungslosigkeit, die uns bei Ansehung seiner Bilder irritiert und

betroffen macht. Es ist, als ob die meisterhafte Kopie eines anschaulichen Ganzen nicht mehr zusammenpassen will, ja, es entsteht trotz aller Schönheit der Eindruck eisiger Entfremdung.
Caspar David Friedrich hat Schlösser und Kirchen oft als Ruinen gemalt, in der Absicht, die Wirklichkeit zu retouchieren, um an den angeschauten Objekten das Vergängliche sichtbar zu machen. Aber die subjektive Befindlichkeit, die er seinen Bildern aufdrängt und die uns so betroffen macht, entsteht durch jenes scheinbare Unvermögen, Mensch und Natur mit den Mitteln der Kunst zu harmonisieren.
So erscheinen beide einsam: Der Mensch, der die Natur als verlorenen Ursprung wiederfinden will und dies, obwohl er das Gesuchte vor Augen hat, nicht mehr kann; die Natur, die mit ebensoviel Trauer unfähig zu sein scheint, sich jenem Teil, der von ihr losgerissen und in hilfloser Entfremdung dasteht, wieder zu versöhnen.

*

Solange der Mensch seine einfache Wahrnehmung geordnet und systematisiert hat, galt in der Kunst vor allem das Gesetz der Schönheit. Mit der Überwindung der einfachen Wahrnehmung durch die Wissenschaft sucht der Künstler nicht mehr so sehr das Schöne, sondern das Wahre darzustellen.
Wer Botticelli mit Munch vergleicht, versteht, was ich meine. Hier noch eine unbedingte Lebensbejahung,

die von einer naiven, zuversichtlichen Weltanschauung gestützt wird, dort eine Irritation darüber, daß keine Weltanschauung trösten kann.
Für Botticelli ist das Leben noch Transit ins gesicherte Jenseits, Munch malt das Leben als »Krankheit zum Tode«.

*

Meine Existenz ist für mich absolut. Daß dies für jedes Subjekt der Gattung gilt, gehört nur meiner Vorstellung an. Ein Wissen darüber kann ich nicht erlangen, weil ich den, der ich nicht bin, als relativ erfahre. Die absolute Selbstbezogenheit, die mit dem Hinweis ihrer Quantifizierung unerlöst bleibt, hat Berkeley dazu veranlaßt, die Außenwelt durch das absolute Ich entstehen oder vergehen zu lassen.
Hinsichtlich der absoluten Individualität hat Berkeley recht. Für mich, der ich 1937 geboren wurde, wurde auch die Welt 1937 geboren, und mein Todestag wird diese Welt für mich wieder verlöschen lassen. Die Außenwelt, die ich wahrnehme und deren Existenz ich täglich erfahre, bleibt eingeschlossen in meinem »Ich bin«. Alles, was ist, ist für mich erst dadurch, daß ich selbst bin. Soweit hat Berkeley recht. Aber indem er die Außenwelt in der Existenz des Subjekts auflöst, rettet er sich nur scheinbar. Die Außenwelt ist meine Abwesenheit.
Mich hat schon als Kind der Gedanke erschreckt, daß ich für mich allein existiere und die übrige Welt hierfür

nur als Beweis dienen kann. Daß die Außenwelt für mich nur durch mich existiert, impliziert: Ich bin von derselben ausgeschlossen.
Wenn Monod die Existenz des Menschen mit der Zufälligkeit einer molekularen Struktur vergleicht, so muß ich mich selbst als Zufälligkeit aller Zufälligkeiten betrachten.
Hier die Flucht Pascals vor der Wissenschaft und sein Aufschrei nach Gott. Er war ehrlich genug, das Verlöschen seiner absoluten Individualität als unerträglich zu empfinden. Sartre, der zur Religiosität aus Not nicht mehr fähig war, hielt die Gewißheit seines Todes aus. Er fühlte sich aufgehoben im Fortbestehen der Gattung, und erst den Gedanken an das Ende der Menschheit empfand er als unerträglich.

*

Der Selbstmord entzieht sich der moralischen Wertung. Er ist die freie Entscheidung jedes einzelnen, und eine Gesellschaft, die täglich auf verschiedene Arten Menschen umbringt, hat am allerwenigsten das Recht, ihm diese Entscheidung streitig zu machen. Der Intellekt kann die Tatsache des Lebens entweder unerträglich finden oder vor seiner Vergänglichkeit erschrekken. Pascal, der vor der Gewißheit seines Todes erschrak, und der Lebensmüde, der sich in die Tiefe zu stürzen wünscht, überschauen den Gipfel ihrer Existenz. Sie gelten als verwirrt. Aber Pascal hat zu Recht darauf hingewiesen, daß jenen, denen die Phan-

tasie zu ihrem Tode fehlt und die im täglichen Einerlei ihrer Zerstreuung ein Genüge finden, die eigentlich Wahnsinnigen sind.
Am glücklichsten aber sind jene, denen die Zerstreuung aus Einsicht gelingt und die, weil sie die Konsequenzen ihres Verstandes fürchten, auf jede Handhabung eben dieses Verstandes verzichten. Es ist der Wille zur Dummheit. Diese höchste Leistung des Intellekts kommt nie zum Ziel, aber solange der Wille andauert, sieht der Intelligente immer noch die Möglichkeit zu leben.

*

Die stille, unerlösbare Verzweiflung resultiert aus Gründen der Erkenntnis. Die Erschütterung, deren Beben niemals ganz aufhört, entsteht aus jener existentiellen Verunsicherung, aus jenem Moment, in dem wir entdecken, daß unsere Existenz belanglos und zufällig ist wie der tägliche Wetterwechsel. Und nun erst beginnt die Kunst zu leben.
Wer einmal den natürlichen Dingen, die uns umgeben, vertraut hat und sich darin geborgen fühlte, muß erschrecken, wenn er erfährt, wie regellos und gleichgültig sie in Wirklichkeit sind. Und wer nun in der menschlichen Gesellschaft Halt sucht und entdecken muß, daß auch hier die Gleichgültigkeit und Regellosigkeit der natürlichen Dinge fortdauert und durch Sublimation gesteigert wird, der muß alles vergessen, oder er ist unrettbar verloren.

*

Wo ist der Mensch gut? Wo kann die ethische Forderung, der Hinweis auf die Vernunft Gründe geltend machen, die sich auf das A priori des einzelnen beziehen?
Der einzelne will leben. Was bleibt, ist der Versuch, dem Ego durch Aggressivität, die den Willen zum Leben begleiten muß, immer weitere Grenzen zu setzen. So wird die Eigenliebe multipliziert durch Nächstenliebe, und alle Einsichten, die den Schein des Vernünftigen ergeben, sind eine erzwungene Leistung des uneinsichtigen Subjekts, das, wenn es die Welt betrachtet, bei Strafe des Untergangs immer nur sich selbst wiederfinden muß.
Vernunft und Ethik sind die gezähmte und zivilisierte Form menschlicher Aggressivität.

*

Vor ein paar Tagen unterhielt ich mich mit einem Bekannten über das Phänomen der existentiellen Angst. Wir waren uns einig darüber, daß das Ungesicherte, die nie endende Irritation, das Gefühl, ins Bodenlose fallen zu müssen, vorherrschendes Merkmal dieser Angst ist. Hier ist die Angst nicht wie bei Freud jenes Äquivalent, das durch Verweigerung von Befriedigung und Ersatzbefriedigung entsteht, hier ist es die Bewußtwerdung des Existentiellen und eine

Ahnung davon, daß diese Bewußtwerdung ein Ding der Unmöglichkeit ist.
Wir wissen nun, daß wir etwas sind, wovon wir nichts wissen können, sind aber außerstande, dieses Wissen wieder rückgängig zu machen. Was bleibt, ist der Versuch, diesem Außerstandesein durch Beschäftigung und durch den Willen zur Ablenkung den äußersten Grad der Erregung zu nehmen.

*

Und noch etwas trägt zum Erlebnis existentieller Angst bei: Es ist das Wissen um die absolute Individualität und die Irritation darüber, daß sie in einem selbst, durch welche Macht auch immer, inkarniert wurde. Es ist das Gefühl zu sein, aber an allem Seienden nur als ausgeschlossene Einzelheit teilzunehmen. Der Tod wäre hier nur das Auslöschen der Einzelheit und damit die Aufhebung des Widerspruchs, der in der lebenden Einzelheit fortdauert und nicht aufzuheben ist. Dies scheint mir der bedürftige Grund jeder Philosophie zu sein: Die unglückliche, sich ausgeschlossen fühlende Einzelheit will ihre Erlösung, indem sie sich zur Transzendenz ausweitet. Dies ist aber nur zu erreichen, indem ich alles, was ich nicht bin, zu meiner Subjektivität erkläre.
Im Hegelianismus erreicht das Subjekt die Transzendenz, indem es sich alles, was es nicht ist, als Wissen aneignet. Dem modernen Existentialismus ist dieses Wissen nichtig, aber auch hier, wo die Einzelheit sich

ganz auf ihre eigene und sonstige Nichtigkeit zurückzieht, ist die Tatsache, daß sie ohne Transzendenz, also unerlöst bleiben muß, der Grund aller Gedankenarbeit.

*

Es gibt in Berlin einen Waldfriedhof in der Nähe des Olympiastadions, der etwas Unwürdiges hat. Die Gräber sind auf einem terrassenförmigen Gelände sehr malerisch um einen See gruppiert, der den Namen Sausuhlensee trägt. Der Name tut nichts zur Sache. Aber die kunstgewerbliche Anmut, die der Friedhof durch diese Gruppierung erhält, läßt keinen Ernst aufkommen. Man hat den Eindruck, die Gräber liegen wie in einem Blumengebinde, das nur heitere Assoziationen zuläßt.
Ich bin gegen die Anonymität und Tristheit von Massenfriedhöfen, aber die Gartenarchitektur ist keine Alternative. Am liebsten sind mir jene Friedhöfe, die in einer gebotenen Enge, von alten Bäumen überschattet und abgeschirmt, ernst und spröde, wie von der Natur versiegelt, sich unserer Anwesenheit entziehen.
Am Eingang des erwähnten Friedhofs steht eine Tafel, die auf Ehrengräber hinweist. Es sind also nicht einmal die Toten gleich. Arno Holz und Helene Lange, die hier beerdigt sind, können sich gegen diesen Mangel an Pietät nicht mehr wehren.

*

Vor Jahren sah ich in Cortona auf einer Bank einen alten Mann sitzen, der mit sich selber sprach. Offenbar kommentierte und beantwortete er ein Ereignis, das ihn gekränkt hatte. Es war mir unmöglich, den Blick von ihm abzuwenden, und mir wurde schlagartig das Elend dieses einsamen Mannes bewußt und auch, daß ich noch nie einem Menschen wirklich zugesehen hatte.

*

Oswald Spengler klagte in seinen letzten Jahren über seelischen Druck beim Schreiben. Er war oft wochenlang allein und sprach mit niemandem, trotzdem sind seine Klagen rätselhaft. Waren es Depressionen, die er durch den Akt des Schreibens verdrängte? Geistige Arbeit ist ohne psychische Erregung kaum vorstellbar. Offenbar irrt Freud, wenn er behauptet, der Schriftsteller wäre zur Selbstheilung fähig, weil er seine subjektiven Befindlichkeiten zu Papier bringt und damit verobjektiviert.
Ich selbst habe erfahren, wie sehr die Psyche beim Schreiben belastet wird, und je ehrlicher man schreibt, desto schonungsloser legt man jene Wunden an sich frei, die man durch Schweigen zum Heilen hätte bringen können.

*

Schopenhauer schrieb, die Tiere seien unsere Brüder, ein Satz, der seiner Intellektverachtung am krassesten Ausdruck verleiht. Mir gefällt diese Bemerkung, da auch ich jenem »Vorsprung«, den wir vor dem Tier haben, nicht nur positive Seiten abgewinnen kann.
Wenn Nietzsche im Augenblick seines Zusammenbruchs einer gepeinigten Kreatur um den Hals fällt, so zeigt dies am besten, wie sehr er sich mit der Existenz eines Turiner Droschkengauls identifizierte. Wir vergehen uns täglich in unserem Hochmut an dem Tier. Auch wo wir es domestizieren.
Ich gehe gelegentlich im Grunewald spazieren, wo die wohlhabenderen Berliner ihre Hunde ausführen, und hier kann man den Identitätsverlust dieser Tiere am besten studieren. Sie sind hin und her gerissen zwischen dem gebieterischen Geschrei ihrer Herren und dem Anblick der eigenen Artgenossen, der in ihnen Instinkte auslöst, die sie nicht befriedigen dürfen. So versammeln sie sich kurz und hastig, mit schlechtem Gewissen, um sofort wieder unter den Drohungen ihrer Besitzer auseinanderzulaufen.

*

Kafka bemerkte irgendwann, jetzt würde er nur noch aus Selbsterhaltungstrieb schreiben. Goethe meinte gegenüber Eckermann, er hätte zeitlebens das Gefühl

gehabt, einen schweren Stein anzuheben. Goethe war weise und verstand es, nicht immer nur auf jene Dinge zu blicken, die ihn beunruhigen mußten, Kafka war dazu nicht in der Lage. Ebensowenig Rilke, der nach jeder Arbeit in Depressionen verfiel, die nur durch eine neue Arbeit erträglicher gemacht werden konnten.
Wer Anlagen dazu hat und seine Sensibilität wie einen Seismographen den Erschütterungen des Lebens aussetzt, erfährt früher oder später jenes Gefühl von Ermüdung, das es ihm immer schwerer macht, seinem Dasein lebenswerte Aspekte abzugewinnen. Man hat alle Horizonte, die die Hoffnung uns vorgaukelt, umschritten und bemerkt nun, daß man im Kreise geht und daß diese Kreise, da man der Hoffnung nicht mehr vertrauen kann, immer enger werden, und zuletzt kann es vorkommen, daß jedes Interesse am Leben, da es in seinen Wiederholungen schal geworden ist, erlischt.

»Das Leben ist so schal wie eine Beichte
Zum zweiten Mal erzählt ...«
(König Johann)

Wer nun die Schriftstellerei nicht mehr als Triebtäterschaft ausüben kann, muß verstummen wie Lord Chandos, oder er zwingt den schwindenden Kräften so sehr seinen Willen auf wie Nietzsche es getan hat, um im Wahnsinn zu enden, oder er beendet sein Leben.

*

Bis zum vierzigsten Lebensjahr war ich ahnungslos darüber, wie sehr Intellekt, Psyche und die Empfindung des Körperlichen auseinanderstreben können.
In meiner Jugend vertrieb ich mir die Freizeit durch Sport, und die Kenntnisse, die man mir vermittelte, waren ausschließlich dazu bestimmt, meine Neugierde für die Außenwelt zu entwickeln. Die psychische Befindlichkeit wurde mir aberzogen, als höchste Tugend galt die Selbstaufopferung für das Wohl der Gemeinschaft. »In einem gesunden Körper wohnt ein gesunder Geist.« Damit ließ es sich ausgezeichnet leben, und ich hatte nie eine Ahnung von jenem Gefühl der Zerrissenheit, an dem andere litten. Von diesen anderen erfuhr ich erst, als ich die politische Landschaft wechselte. Hier traf ich völlig unvorbereitet auf Menschen, denen das Leben immer nur ein Problem zu sein schien und die gegen diese Tatsache wie gegen eine tödliche Verstrickung verzweifelt ankämpften. Ich verstand sie nicht. Sie waren jung, intelligent, begabt, aber taten doch so, als befänden sie sich mitten im Zerfall ihrer Kräfte. Es waren Bekanntschaften, die mich an die Erzählungen Tschechows erinnerten, und als ich meine Frau kennenlernte, fühlte ich mich einem solchen Menschen das erste Mal existentiell verbunden. Sie litt und leidet unter der Sinnlosigkeit des Lebens, einer Gewißheit, die mich nie tangiert hatte, da ich gewohnt war, eben jene Sinnlosigkeit durch tätige Neugierde erfolgreich zu verdrängen.
Seit einigen Jahren fühle auch ich ein Auseinanderstre-

ben jener Kräfte, die nur in ihrer Einheit das glückliche Gefühl von Leben ermöglichen, und es wird mir immer schwerer, sie in jenes Zentrum, in dem sie so lange ununterscheidbar gesichert schienen, zurückzuzwingen. Es begann damit, daß ich an der Allmacht der kritischen Vernunft zu zweifeln begann. Ich spürte ein Gefühl von depressiver Trauer, das ich nicht kannte und das ich ratlos zur Kenntnis nahm, ohne mich weiter darum zu kümmern. Dann aber versagten mir die Nerven ihren Dienst, und hier erlebte ich das erste Mal das Gefühl, hinter den Tatsachen des Lebens zurückzubleiben, wie es der Major Sedlitz in der *Kauenhofen* beschreibt.

Die Balance zwischen Psyche, Intellekt und Körperlichkeit kann niemand ein Leben lang leisten. Körperliche Gebrechen durch das Altern sind unausweichlich, auch die Psyche ist einer Ermüdung ausgesetzt, und dies um so mehr, je entwickelter sie auf die Belange des Lebens zu reagieren imstande ist.

Der Intellekt ist es wohl, der seine Bastion bis zuletzt behaupten will und auch kann und der den Wunsch, alles wieder in seinen gesunden Ursprung zurückzuzwingen, als dringende Forderung aufrechterhält. Aber gerade er wird dadurch zur Ursache unseres unglücklichen Bewußtseins. So bleibt der Major von Sedlitz, obwohl gebrechlich, obwohl psychisch geschwächt bis zur Weinerlichkeit, in seinem Intellekt stolz und hochmütig, und das Sterben ist für ihn nicht ein natürliches Vergehen, Verdämmern seiner Kräfte, sondern ein Entschluß seines Verstandes, der begriffen hat, daß sein Kampf aussichtslos ist.

*

Der Brief des Lord Chandos, in dem Hofmannsthal Gründe für ein literarisches Verstummen geltend macht, beschreibt sein Unbehagen an formaler Meisterschaft, die ihm plötzlich ebenso schal vorkommt wie das Verfertigen künstlicher Wasserspiele.

Ich hatte bis zu meinem Drama *Frau von Kauenhofen* ebensoviel, ja fast mehr Freude an stilistischen Nuancen als an der Substanz der Sache, und auch mir wurde diese Freude plötzlich schal. Die Geschichtsphilosophie, die wie ein Jungbrunnen meine Phantasie immer wieder aufgefüllt hatte und in der ich mich wie in unendlicher Weite aufgehoben fühlte, tröstete mich nicht mehr. Der Hellenismus, seine Verdrängung durch das Mittelalter, seine Renaissance, die Aufklärung, die deutsche Klassik, dies alles nahm ich als Kontinuität, die die Enge meines Subjekts aufhob, oder besser, für mich unsichtbar werden ließ. Das Bewußtsein hat, wenn man nur reichlich Gebrauch davon macht, die Eigenschaft, das eigene Leben durch Kenntnisnahme von Geschichte um Jahrtausende zu verlängern. So fühlte ich mich bei Horaz ebenso zu Hause wie bei Aristophanes. Dante, Shakespeare, Büchner schienen mir alte Bekannte. Diese Geborgenheit, die Hegel als »Phänomenologie des Geistes« beschrieb, indem er dem Individuum ein unsterbliches, ewig fortschreitendes Erkennen vorgaukelte, hinderte mich an der Bewußtwerdung meiner eigenen Vergänglichkeit.

In der Geschichtsphilosophie erscheint der Tod des einzelnen bestenfalls als Fußnote, und die Kontinuität der Kulturleistungen setzt den Begriff der Unsterblichkeit geradezu voraus. Shakespeare lebt! Als ich in Stratford vor seinem Sarg stand, schien mir dessen Anblick unwesentlich und beeindruckte mich kaum. Wer den *Faust* liest, vergißt, daß auch Goethe geboren wurde um zu sterben.

Die erste Ahnung davon, wie sehr Subjekt und Geschichte auseinanderfallen, hatte ich, als ich Nietzsches Briefe las. Nietzsche bemerkt bitter, indem er auf seine Vereinsamung anspielt: »Was brauche ich die Lebenden, ich habe die Gesellschaft der Toten.«

Diese Bemerkung verbietet geschichtsphilosophische Assoziationen. Hier ist der einzelne gemeint, ganz geschichtslos, einsam in seinem Tod wie Nietzsche in seinem Leben.

*

Das Gemüt sollte den Verstand majorisieren. Geschieht dies umgekehrt, herrscht die Logik oder Unlogik des Intellekts, der das Selbstgefühl, das keine Gründe geltend machen kann, unentwickelt läßt.

*

Das Gemüt hat die Tendenz zur Ruhe, so daß die Eigenliebe, die jede Lebensäußerung begleitet, unaggressiv und dadurch verträglich bleibt.

*

Das Gemüt schafft die unbewußte Identität mit den existentiellen Bedingungen des Lebens, wo der Verstand in ewiger Unruhe um dieselbe bemüht bleiben muß.

*

Das Gemüt, das die Italiener mit animo, soll heißen: Gemüt, Herz, Seele, Geist umschreiben, ist jener Bereich in uns, der uns mit der eigenen und sonstigen Natürlichkeit unmittelbar verbindet und vom Verstand nicht zu fassen, lediglich zu irritieren ist.
Wo das Gemüt verkümmert oder durch den Zwang zur Aufklärung Gründe für seine Existenz geltend machen soll, entsteht Entfremdung. Was grundlos existiert, will nicht immer nur nach Gründen abgefragt werden.

*

Seit einigen Jahren fällt es mir immer schwerer, die politischen und sozialen Vorkommnisse dieser Welt zu kompensieren. Ich entdecke, daß der Humanismus einzig und allein in der Kunst manifest geworden ist. Ein Gemälde von Cranach, eine Skulptur von Michelangelo, die dem Menschen nachgebildet sind, haben alle bestialischen Eigenschaften verloren, die das Modell offenbar nicht loswerden kann. So wurde die Humanisierung des Menschen nur verwirklicht in der Welt des schönen Scheins.

*

Goethe hat ohne Überheblichkeit auf den Nutzen des Dilettantismus verwiesen, indem er meinte: Der Dilettant verbreitet das Muster des Künstlers mit eben der Akribie und eben dem Fleiß, mit dem Handwerker in der Antike griechische Gemälde auf römische Schlafzimmerwände gemalt hatten, sehr zum Nutzen und zur Hebung des allgemeinen Geschmacks.
Auch Hegel hatte die Illusion, zumindest das nächste Jahrhundert würde soviel gesellschaftliche Vernunft anhäufen, daß mit Hilfe der Ästhetik das allgemeine gesicherte Verständnis von Kunst mindestens vor dem Zugriff der kenntnislosen Barbarei gesichert wäre. Wir erleben heute das Gegenteil.

*

Warum wurde Kleist psychologisch ausgehungert? Warum wurde Schopenhauer nicht zur Kenntnis genommen? Warum wurden Stendhal, solange er lebte, alle Attribute eines Schriftstellers aberkannt? Warum wurde *Moby Dick* von Melville noch Jahrzehn-

te nach seinem Tod nicht als literarisches Ereignis gefeiert, sondern als Sachbuch zur Walfangtechnik versteckt gehalten? Aus Zeitgenossenschaft.
Niemand kann hinnehmen, daß der biologische Zufall gerade ihm intellektuelle Mittelmäßigkeit, dem anderen aber ein Surplus in der gleichen Sache zudiktiert hat. Dieses Gefühl ist »menschlich, ach allzu menschlich«. Wie sollte ein mittelmäßiger Schriftsteller daran gehindert werden, sich für einen großen Schriftsteller zu halten? Und wer sollte ihm den Neid und die Aggression auf einen Zeitgenossen nehmen können, den die Natur besser begabt hat als ihn? Zeitgenossenschaft bedeutet rigorose Drängelei zur Erlangung aller Lebensideale, und da der Durchschnitt die statistische Majorität der Sache ausmacht, werden es die Ausnahmen immer schwer haben, sich als Minorität durchzusetzen. Konnte man von Graf Stolberg verlangen, daß er sich vor dem Genie Goethes minderwertig fühlte? Konnte man von Kotzebue verlangen, daß er Schiller über sich anerkannte? Dies widerspräche dem subjektiven Wertgefühl und damit der Lebensgrundlage auch der Mittelmäßigen.
Der Zufall ist grausam, und der freie Wille versucht diese Grausamkeit wettzumachen. Dies zum Kollegenneid, der viele große Kollegen versteckt gehalten oder niedergetrampelt hat.
Aber jetzt die Heerschar der Ambitionierten. Sie, die nicht einmal mittelmäßig schreiben können, orientieren sich am herrschenden Durchschnitt und lassen diesen zur tötenden Lawine anwachsen. Es ist nicht so wie Goethe behauptet, daß sich der Dilettant die Meisterschaft als Muster wählt. Es ist die Mode, der Trend, die

Masche, die leicht nachzuahmen und mit den Mitteln der Ambition aufzutakeln sind. Sie gelten als Muster und herrschende Meinung, und wer der Mode nicht ähnelt (was bei großen Meistern durchaus vorkommt), kann leicht zugrunde gehen. Warum wurde Balzac anerkannt und Stendhal nicht? usw. Dies zur Zeitgenossenschaft.

Im nachhinein fällt dies alles weg, und die nächsten Generationen können das Urteil, da es keine Spesen mehr kostet, gefahrlos revidieren. »Der Tod vertauscht die Rollen«, sagte Stendhal, aber natürlich: Ich wiederhole, wir müssen davon ausgehen, daß es für jeden, auch den Mittelmäßigen, unmenschlich wäre, eine Rangordnung anzuerkennen, die seinem Selbstgefühl widerspräche.

So gesehen geschah die Ermordung Kleists, bitter aber wahr, nach den Gesetzen der Menschlichkeit.

*

Die Kontinuität der Kunst ist, zumindest was die Literatur betrifft, ein Geheimnis. Die aktuelle Kultur ist ein Gemisch aus Mode, Ambition, ja kenntnisloser Barbarei und jener Anstrengung zur Meisterschaft, die die Minorität der Sache ausmacht.

Tschechow beschwert sich in seinen Briefen über das mangelnde Verständnis vor allem in der Kritik, die ihn zum Potemkin der russischen Literatur abstempelte, und man muß sagen, daß der wahre Künstler nur in ganz wenigen Ausnahmen als Muster der aktuellen Kultur galt.

Warum also wird nicht jener Durchschnitt, der das aktuelle Kulturbewußtsein beherrscht und formt, zur Kontinuität? Die nachfolgenden Generationen können die Literatur auch nur mit der Verständigkeit des Durchschnittlichen rezipieren, und doch verblassen alle Hervorbringungen, die der Durchschnitt einst aktualisierte und zur herrschenden Meinung erhoben hatte, ausnahmslos.
Wer setzte Stendhal oder Tschechow postum ins Recht? Und wer formt die verkannte Meisterschaft und nicht die protegierte Mode zur Kontinuität?

*

Der Schriftsteller wird in der Regel als Chronist aufgefaßt, und seine Beschreibungen gelten als poetische Quintessenz objektiver Beobachtungen. Er ist aber ein Triebtäter, der ausschließlich den eigenen Belangen, der eigenen existentiellen Not den Schein des Objektiven verleiht. Alles, was bei einem großen Schriftsteller objektiv erscheint, ist in Wirklichkeit subjektives Empfinden. Er kann nur über sich selbst sprechen, indem er über andere Personen und andere Sachverhalte spricht. Er beobachtet nur, weil er sich in den Beobachtungen selbst wiederfindet.

*

Dem Künstler sind Ahnung und Wissen, Phantasie und Erfahrung ununterscheidbar, aber auch der erstaunlichsten Monstrosität auf dem Gebiet der empfindsamen Wahrnehmung ist eine Grenze durch die biographische Befindlichkeit gesetzt.
Der junge Schiller berief sich auf Shakespeare, Beethovens Anfänge konnten den Einfluß Haydns nicht verleugnen. Die ungeübte schöpferische Kraft muß sich ihr Maß bei jener Meisterschaft holen, die biographische Reife geltend machen kann.
Es gibt eine Frühreife, die ohne Hilfestellung der großen Meister auskommt, aber auch hier ist das Zu-Früh Ausdruck des Ungebändigten, dem die Gelassenheit der Erfahrung fehlt.
Um so erstaunlicher, wie der sechsundzwanzigjährige Thomas Mann in seinen *Buddenbrooks* das biographische Vakuum, das auch er nach den Gesetzen seiner Jugendlichkeit haben mußte, mit der Ahnung reifer seelischer Zustände auszufüllen wußte. Für ihn galt offenbar keine biographische Bedingung, er hatte das zweite Gesicht. Schade, daß er in reiferen Jahren weniger seiner intuitiven Genialität, dafür mehr und mehr seinem schriftstellerischen Kalkül vertraute.

*

Die Musik Mahlers fasziniert mich durch ihre Zerrissenheit. Der Wechsel von Anmut, Trivialität und tragischer Tiefe macht es mir unmöglich, seine Symphonien als Einheit zu empfinden. Schon *Der Titan* deutet darauf hin: Mahler komponiert entweder mit unbeschwerter Heiterkeit oder er ist untröstlich. Der letzte Satz der dritten Symphonie macht wehmütig und sehnt jene Krankheit herbei, die Thomas Mann in seinem *Zauberberg* als Ziel aller Wünsche beschreibt: die Schwindsucht. Aber dies ist schon eine Unterstellung. Als ich den *Zauberberg* zu lesen begann, vermutete ich eine Konzeption, die Thomas Mann nicht leisten wollte.

Hans Castorp besucht den schwindsüchtigen Freund in einem Schweizer Sanatorium und findet an der Gesellschaft der Kranken und an der Krankheit selbst soviel wehmütiges Gefallen, daß er zuletzt schwindsüchtig wird. Aber der Roman sehnt nicht wie Mahlers dritte Symphonie den Tod herbei. Nach dem ersten Drittel verliert er sich in belanglosen Details, und zuletzt überwiegt das Überangebot des Begrifflichen. Musil nannte den Roman einen Haifischmagen, und er hat recht, obwohl seine Bemerkung nicht frei von Neid ist.

Die dichterische Kraft Thomas Manns war gespalten. Sie schwankt zwischen der Ambition des Ironischen und der echten tragischen Empfindung. Auf der einen Seite *Tobias Mindernickel,* auf der anderen *Wälsungenblut.*

*

Für Einstein ist die Erfahrung von Vergangenheit, Gegenwart, Zukunft an der Zeit eine Illusion. Die neueste Physik korrigiert diese Annahme, indem sie darauf hinweist: Wir können die Zeiterfahrung zum Beispiel im Städtebild, das verschiedene Stilepochen miteinander vereint, anschaulich nachweisen.
Ich verstehe beide Positionen nicht. Ob wir nun die Zeit als Illusion oder anschaulich erfahren, die Zeiterfahrung bleibt eine Kategorie unseres Bewußtseins. So wie uns unsere Umwelt als strukturell erscheint, so nehmen wir auch eine Veränderung dieser Strukturen wahr und erfahren dadurch das Phänomen der Zeit. Aber diese Erfahrung ist bewußtseinsabhängig. Wir kommen über die Tatsache nicht hinweg, daß wir uns selbst über das Phänomen unseres Bewußtseins keine Auskunft geben können. Unsere Existenz reicht nicht aus, um das Phänomen von Zeiterfahrung überhaupt zu begreifen.
Man kann über das Bewußtsein zwei grundsätzliche Ansichten äußern: Entweder die Evolution hat sich bis zur Möglichkeit ihrer Selbsterkenntnis entwickelt, oder die Evolution hat mit dem Bewußtsein lediglich die Möglichkeit zur Selbsttäuschung hervorgebracht. Ich finde beide Ansichten richtig.

*

Einsteins Hinweis, daß zweidimensionale Wesen, die auf einer Kugel leben und ihre Lebensfläche abmessen wollen, deren Krümmung nicht wahrnehmen und erkennen können, kennzeichnet am schärfsten die Grenzen der wissenden Vernunft.

Wir partizipieren am Raum-Zeit-Kontinuum und also an den Veränderungen der uns umgebenden Materialität so wenig, daß wir nie sagen können, ob wir das Wesen der Sache, das Ganze einer Bewegung oder nur deren zufällige, augenblicklich sich gebende Form wahrnehmen.

Aufgeblähtes Seifenwasser ergibt eine Blase von kurzer Dauer. Ein Wesen aber, dessen Zeitempfinden kürzer dauert als die Existenz der Blase, muß diese für ewig halten oder kann zumindest ihr Werden und Vergehen weder ahnen noch wissen. Wäre unsere Existenz dem Zustand eines Moleküls an der erwähnten Seifenblase vergleichbar, dann hätte unser Intellekt nur so lange Gelegenheit über die Vielfältigkeit der Seifenblase zu staunen, bis diese zerplatzt ist. Aber da das Zerplatzen das Vergehen des Intellekts einschließt, kann selbst die Ahnung von unserer absoluten Schranke kein Wissen vom Wesen der Seifenblase in Raum und Zeit herbeiführen. Für den Intellekt wäre die Existenz der Seifenblase in Raum und Zeit absolut und nur die in ihr selbst vorgehende Bewegung als relatives Raum-Zeit-Kontinuum erkennbar. Hier wäre also die absolute Täuschung (Schopenhauer) das absolute Wissen (Hegel).

*

Heckmann deutet an, daß von allen möglichen Weltmodellen das tatsächlich bestehende am unwahrscheinlichsten ist. Die neueren Vermutungen über den Urknall lassen darauf schließen, daß die Repulsion der explodierten Masse nur unter einer bestimmten Fluchtgeschwindigkeit die Entwicklung von Elementarteilchen zugelassen hat. Das heißt: Wären der Urknall gewaltiger, die Fluchtgeschwindigkeit größer ausgefallen, würden unser Mikro- und Makrokosmos wesentlich anders aussehen.

Mir gefallen diese Vermutungen, da sie beweisen, wie sehr der Zufall König aller Dinge ist, und wie sehr sich die Notwendigkeit ins Ungewisse zurückzieht.

Was geschieht notwendig? Wie können wir diese Frage beantworten, wenn die moderne Astronomie den Zustand unserer Welt als zufällig erkennt? So gesehen reduziert sich die Kategorie der Notwendigkeit auf das Seiende. Die nähere Verwicklung des Werdens und Vergehens alles Seienden erscheint zufällig.

Die Kategorie der Notwendigkeit, die sehr vielen Ideologen als Alibi dienen mußte, entzieht sich unserer Wahrnehmung. Es ist das Seiende, was uns notwendig erscheint, weil es ist, aber natürlich: Wenn wir für immer die Augen schließen, hat sich auch alles Seiende, zumindest für den, der die Augen schließt, in Nichts aufgelöst. Wissen wir, ob immer etwas ist, nur, weil unsere Existenz das Seiende zur Grundvoraussetzung hat? Oder ist vielmehr, da wir sind, die Erkenntnis alles Seienden eine Tautologie, die uns dazu verdammt, in dem Wirrwarr des Zufälligen eine notwendige, unsere eigene Existenz betreffende Ordnung zu suchen?

*

Die Philosophie hat seit jeher versucht, den Menschen ins Zentrum seiner Vernünftigkeit zu zwingen, weil hier alles, was den Homo sapiens vom Tier unterscheidet, aber doch erst anerzogen worden ist, gesichert schien. Es war die hohe Burg der kritischen Gedanken, die den Menschen von seiner Triebhaftigkeit befreien sollte, denn auch das Ethische, das die alltägliche Lebensäußerung ordnen und veredeln soll, ist eine Forderung der Vernunft. Der Trieb, die Leidenschaft, das intuitive Verhalten, die Nähe zum Tier, der Rest Instinkt erschienen als die Schattenseite am Menschen, die von der Vernunft überstrahlt und hinweggeleuchtet werden sollte.
Daß Schopenhauer den Intellekt verachtet, tut nichts zur Sache. Er läßt ihn als »Weltwillen« wieder auferstehen, und Nietzsche, der den Trieb ganz sittenlos, ganz bestienartig wieder in sein Recht setzen will, vergißt, daß die Triebstruktur des Menschen von der einer Bestie eben durch den erworbenen Intellekt himmelweit verschieden ist.
Wer sich für die Dramen Shakespeares interessiert, kann studieren, wie die Triebhaftigkeit des Menschen, die seine natürliche Lebensäußerung ausmacht, ausschließlich durch das Denken pervertiert wird. Die

Bestie, die Nietzsche vor Augen hat und nach der er sich sehnt, ist schon wieder eine gedachte Bestie. Die Sehnsucht nach dem natürlichen, nur den Regeln des Instinkts unterworfenen Leben kann, weil sich unser Bewußtsein so sehr und so ausdrücklich dagegenstellt, nicht in Erfüllung gehen.

Der Mensch ist dreigeteilt: Er ist erstens triebhaft wie jedes Tier auch, er kann zweitens seinen Trieb bewußt pervertieren, und er hat drittens ein Bewußtsein von diesem Bewußtsein, er ist also imstande, über die Perversion, die er seinem Trieb zumutet, mit sittlichem, vernünftigem, ganz und gar philosophischem Ernst den Kopf zu schütteln. So gesehen wird die Philosophie zur Posse, der Trieb an seiner Natürlichkeit gehindert, es triumphiert die Perversion des Denkens.

*

Streicht man am Pantheismus den Zwang, das Geistige zu retten, und definiert man das Geistige als das Unhaltbare, dann könnte es zur Versöhnung zwischen Intellekt und Materie kommen. Der Intellekt, der die Macht des Materiellen über sich anerkennt, wird demütig und also fähig, sein Anderssein an sich nicht mehr zu fürchten.

Schopenhauer weist darauf hin, daß es kein Geringes sei, wenn der Intellekt wieder in den Kreislauf des Materiellen zurückkehrt. Ein Pantheismus, der die Umwertung seiner Werte ernst nimmt, dem also nicht die Rettung des Geistigen, sondern dessen Zurückführung in das Materielle Ziel und Zweck aller Wünsche wäre, könnte als Philosophie wieder Geltung erlangen. Wo dies nicht gelingt, sollte der Intellekt seine Unsterblichkeit getrost herbeiwünschen und behaupten.

*

Ein Interview mit Adam Schaff gehört. Er wiederholte seine Ansicht, die Entwicklung der Mikrotechnik würde die Arbeit als Subsistenzmittel abschaffen, gab aber zu, daß der unbeschäftigte Mensch unweigerlich psychisch krank werden würde. Dies sollte man durch Bildung verhindern, und Schaff verwies auf Plato und damit auf den alten Traum des Philosophen, der Staat möge sich nach den Maximen der Vernunft einrichten.
Was Schaff vergißt:
Die soziale Völkerwanderung vernichtet, wie wir heute erleben müssen, auch das Kulturbewußtsein jener Elite, die Schaff in seinem mikrotechnischen Paradies als gesellschaftlichen Durchschnitt etablieren möchte. Bildung gilt heute als anrüchig. Sie wird von denjenigen zuerst verspottet, die das Privileg der Bildung hatten und es jetzt, um der Mode der Medienbarbarei willen, mit verächtlicher Gebärde wegwerfen.
Und noch etwas vergißt Schaff: Falls die Mikrotechnik den Menschen von der Arbeit als Subsistenzmittel befreit, fängt seine absolute Knechtung an. Solange ich mein Leben als Subsistenzmittel einsetzen muß, wird meine Vernunft daran gehindert, sich eben jene Fragen zu stellen, die sie nach Kant nicht beantworten kann.

Schaff tut so, als würde er die Probleme einer Überflußgesellschaft nicht kennen, obwohl wir doch die Auswirkungen des parasitären Überflusses nicht nur in Tschechows Dramen studieren können. Der sozial befreite Mensch beginnt existentiell zu leiden, und es haben sich Leute erschossen, obwohl sie riesige Ländereien besaßen.
Auch der Hinweis Schaffs auf primitivere Stämme, die ihre Existenz nicht ausschließlich durch Arbeit definieren, ist naiv. Die entwickelte Gesellschaft unterscheidet sich von der primitiveren durch das Gefälle des Intellekts. Ebenso könnte man einem Vierzigjährigen, der an den Tatsachen des Lebens leidet, einen Vierjährigen zum Vorbild anbieten, der glücklich mit Murmeln spielt.
Auch die Bildungskontinuität, die Schaff dem sozial Befreiten als Alternative anbieten will, zeigt, wie das soziale Engagement den Blick auf den Menschen einengt. Hat Schaff noch nie etwas davon gehört, daß der Mensch unter Umständen eher bereit ist, aus Langeweile sich selbst oder andere zu töten, als sich dem Studium oder den schönen Künsten hinzugeben? Offenbar ist es schwer zu begreifen, daß mit dem Paradies immer nur die Hölle gemeint sein kann.

*

Der Intellekt zwingt uns Erkenntnisse auf, die den Bedingungen unserer Existenz widersprechen. Nun wiederum muß der Intellekt seine erbrachte Leistung rück-

gängig machen, was durch die Verdrängung ins Unterbewußte, ins scheinbare Vergessen gelingt.
Löst sich das Vergessen auf, beginnt der Kreislauf von vorn, und solange er als Perpetuum mobile in Fluß bleibt, quantifizieren wir das Unglück am Erkennen auf ein Maß, das uns gerade noch zuträglich ist.
Verdrängungsschwäche, die den eben beschriebenen Kreislauf stocken läßt, kann man nicht durch Aufklärung jenes Sachverhalts bessern, der die Notwendigkeit der Verdrängung herbeigeführt hat.

*

Seit Adornos Huldigung an Beckett definiert die Avantgarde der deutschen Literaturkritik Realismus auf dem Theater etwa so: Die moderne Industriegesellschaft verödet kulturhistorisch, ja, sie verliert jeglichen Reflex auf eben diese Verödung. Theaterstücke von realistischem Belang reproduzieren eben diesen und keinen anderen Sachverhalt mit den Mitteln der Ästhetik. Schon bei Adorno fiel mir auf: Wo bleibt der Ekel vor so viel Verödung, der Nietzsche in die höhere Luft von Sils-Maria getrieben hat?
Nietzsche fühlte noch die Kette der Kulturkontinuität in sich reißen, er sieht in Mozart und Goethe die letzten Kulturriesen der Klassengesellschaft, er läßt noch einmal verzweifelt die Heroen der antiken Zivilisation Revue passieren, er will der demokratischen Verflachung, der kulturvernichtenden Massenemanzipation den aristokratischen Geist, den römischen Herrn, die

blonde Bestie, den Übermenschen als blutigen Tyrannen entgegenschleudern. Letztes Aufbäumen eines Enzyklopäden gegen den Kulturzerfall eben jenes 20. Jahrhunderts, in dem Adorno schon selbstgefällig und nicht ohne Schadenfreude Realismus als ästhetische Abbildung der industriellen Barbarei feiert.
Wir sollten bei aller Realismusseligkeit bedenken: Gerade die genauen ästhetischen Abbildungen der aktuellen Barbarei degradieren sich, wenn sie statt Betroffenheit nur selbstgefällige, zynische Zustimmung finden, zum bloßen, schönen Indiz eben dieser Barbarei.
Für Nietzsche war die Fallhöhe der überlieferten Kultur in die Niederungen des 20. Jahrhunderts eine gesellschaftliche Katastrophe. Wer regt sich heute darüber auf? Niemand. Und so bleiben der Ekel Nietzsches und seine Rettungsversuche, die in Hitler so blutig parodiert wurden, immer noch, heute mehr denn je, *Unzeitgemäße Betrachtungen.*

*

Die Wissenschaft hat die staatliche Exekutive mit Waffen ausgerüstet, deren Anwendung die Menschheit vernichten würde. Nicht die Vernunft, nur das Risiko der eigenen Vernichtung hält die Gegner davon ab, mit eben diesen Waffen aufeinander loszugehen. Das beweist: Erkenntnisvermögen und Vernunft schließen einander aus. Die Waffentechnik hat sich bis zur absoluten Grenze entwickelt, den Selbstbetrachtungen des

Marc Aurel haben wir auch heute nichts hinzuzufügen. Der Intellekt, das sublimste Produkt der Evolution auf unserem Planeten, scheint in der Lage und willens, das Ergebnis dieser Evolution wieder rückgängig zu machen. Die Fähigkeit, sich vor seinem Intellekt zu schützen, scheint dem Menschen nicht angeboren.
Kants kategorischer Imperativ erweist sich als frommer Wunsch, und wo Pascal noch vor der menschenfeindlichen Umwelt erschrecken konnte, müssen wir heute vor dem Menschen erschrecken.

*

Ketzerischer Gedanke: Wenn der Mensch von seinem Intellekt vor allem einen perversen Gebrauch macht, wenn er ethisch ohne Gedächtnis bleibt, warum wäre es dann ein Unglück, wenn er sich selbst abschaffen würde? Für wen wäre es ein Unglück? Für die Robben, die er in Massen tötet, für alle sonstigen Arten, die er ökologisch ausrottet, wäre es ein Segen, wenn die menschliche Gattung verlöschen würde, die von ihrer Existenz nicht einmal selbst profitieren kann. Der Mensch kreuzigt den Menschen immer noch.
In Mittelamerika brachten die spanischen Eroberer unter Hinweis auf den Erlösergedanken Millionen Indios um, jetzt, nach 450 Jahren, werden immer noch Indios auf bestialische Weise abgeschlachtet. Man muß sagen: Sollte die Triebverstrickung des Intellekts die Anstrengung zur Ethik immer wieder zunichte machen, dann hätten Gott oder die Evolution oder der

Zufall mit der Hervorbringung des Intellekts dem Garten Eden hier auf Erden einen schlechten Dienst erwiesen.

*

Für Nietzsche ist der »Meilensteinmensch« und dessen Steigerung zum »Übermenschen« Ziel aller zivilisatorischen Entwicklung. Ihm ist das Unentwickelte am Menschen reiner Mangel, und er definiert die Entwickeltheit als Eigenschaft einer Elite, deren Werden die Geschichte der menschlichen Gattung sinnvoll macht. Die »Viel-zu-vielen« sind bei Nietzsche jener Rest Majorität, der gattungsgeschichtlich unerheblich ist, der für die Entwicklung zum »Übermenschen« untauglich bleibt und lediglich der Menschwerdung des Affen, keinesfalls aber der Geniewerdung des Menschen zugerechnet werden kann.
Nietzsche behauptet eine solche Sinngebung unserer Gattungsgeschichte als jenseitig von »Gut und Böse«, obwohl sie tatsächlich Produkt einer bösen Moral, eben der Moral aus Überlegenheit ist, und er erhebt sein »Jenseits von Gut und Böse« zum Naturprinzip. Aber die Natur ist ohne Prinzip. Alle Anstrengungen aus Prinzip widersprechen der Natur. Das Natürliche am Menschen ist seine Unterschiedenheit, was seine Möglichkeit sich zu entwickeln oder unentwickelt zu bleiben einschließt.
Nietzsche leistet seine »Umwertung aller Werte« vor allem gegen das Christentum, das die Unterschieden-

heit des Menschen ausdrücklich auch in der bedauernswertesten Ausprägung anerkennt.
Es versteht sich von selbst, daß die soziale Unterschiedenheit hier nicht gemeint sein kann, obwohl Nietzsche zwischen der sozialen und der natürlichen Befindlichkeit des einzelnen keinen Unterschied macht. Es gibt aber eine Unterschiedenheit, die weder soziale noch natürliche Gründe geltend machen kann. Es gibt die Freiheit zur Individualität, die, aus welchen Gründen auch immer, ungenutzt bleibt. Und hier entstehen jene »Viel-zu-vielen«, die Nietzsche zu Recht unerheblich nennt und die seine Verachtung allerdings verdient haben.

*

Wer sich widerspricht, kommt der Wahrheit näher.

*

Was man nicht empfindet, kann man nicht denken. Empfindungsarmut erzeugt Gedankenlosigkeit.

*

Die Angst vor der Natur erzeugt die Lust am Abenteuer, die Angst vor dem Menschen erzeugt den Lustmord.

*

Der Krieg ist nicht nur eine tödliche Balgerei um soziale Beute. Er verbraucht durch seine mörderische Realität alles Unbehagen an der Zivilisation. Er gehört zur Psychopathologie des Alltags und wird zum Multiplikator dort, wo die Vernunft die Triebstruktur zu lange in Zaum gehalten hat.

*

Niemand ist minderwertig. Der Minderwertigkeitskomplex ändert diesen Sachverhalt.

*

Daß der Mensch an der Bewußtwerdung allgemeinster Kategorien, zum Beispiel der Kategorie der Zeit, hoffnungslos krank werden kann, beweist jene Amerikanerin, der es unmöglich war zu vergessen, daß sie mit jeder Minute, die an ihr vollzogen wurde, dem Tod näher kam. Die Gewißheit ihrer Vergänglichkeit wurde, da sie sie nicht mehr verdrängen konnte, zur fixen Idee, und so war sie außerstande, jene Spanne Zeit, die ihr gegeben war, zu leben.

*

Vor dem Gedanken des Alterns, der Gewißheit des Todes, der Unerfüllbarkeit von Lebensidealen usw. versagt die Ratio, und die Verdrängung, die hier für eine gewisse Zeit durch das Vergessen Erleichterung schaffen könnte, bleibt angstbesetzt. Alles, was gelingen kann, ist, wie Bloch bemerkte, der Versuch, diese Angst flach zu halten.

*

Lebe ich zufällig? Ja. Muß ich notwendig sterben? Allerdings. Diese Tatsache, uraltes Problem der Ontologie, zwingt mich zur Einsicht. Ich nehme mir die Freiheit zum Tode aus Einsicht, daß dies die einzige Form meines Lebens ist. Es ist das Wissen um unseren Tod, was uns zum Leben nötigt.

*

Das Gehirn vermag Zeichen und Begriffe, die die Welt symbolisieren sollen, richtig oder unrichtig aufzuschlüsseln und kann sich diesen Prozeß selbst wieder bewußt machen. Es kann die reale Welt über die Schleife seines Abstraktionsvermögens als unreal, die unreale Welt als real auffassen. Hier liegt die Fallgrube, die sich das Bewußtsein immer wieder selbst schafft, hier hat die Vernunft ihr Gegenteil, die Unvernunft, an sich selbst.

*

In Mitteleuropa vernichten schwefeldioxydhaltige Niederschläge ganze Wälder. In Schweden starben Fische durch vergifteten Regen, den der Wind aus Ostdeutschland in eine fast unberührte Natur getrieben hatte. Gestrandete Öltanker verpesten den Atlantik und seine Küsten. Im Iran wurde die Ölproduktion gedrosselt, dafür werden jetzt massenweise Menschen gehängt. In Kambodscha verzichtete man ganz auf die Segnungen der Industriegesellschaft und düngte die bestellten Felder mit Leichenteilen von Erschlagenen.
Ob der Mensch den technischen Fortschritt forciert oder abschaffen will, er bleibt eine denkende Bestie, die durch die Vernunft gelegentlich zu irritieren ist.

*

Alles Bestehende oszilliert. Es ist das Unvereinbare, das aneinander beharren will und jene Mitte sucht, in der diese Unvereinbarkeit nicht mehr gilt. Das Oszillieren ist das Beharren, das langsame Erreichen jener Mitte das Vergehen.

*

Die Metaphysik der Logik ist die gedachte Unendlichkeit. Es ist jene Metaphysik, die Nietzsche meint, wenn er die ewige Wiederkehr eines Jeglichen aus der Logik des Unendlichen zur Gewißheit erheben will.
Aber wo die Unendlichkeit nur als Wiederholung meiner Endlichkeit gedacht werden kann, bin ich das unendliche *Selbst,* und alle augenscheinliche Erfahrung, Raum und Zeit eingeschlossen, werden zur Täuschung.
Hier hätte die Metaphysik den eigenen Grund, nämlich das flüchtige Leben, desavouiert.

*

Der existentielle Riß ist unheilbar. Wer den Bedingungen des Lebens in zustimmender, ahnungsloser Weise vertraut hat und plötzlich merkt, daß es keiner Zustim-

mung bedarf, daß es die Gleichgültigkeit war, in der er sich geborgen fühlte, dessen Leben zerfällt in zwei Hälften.
Der naive, unbedingte Idealismus ist nun irritiertes Befremden, und das Gefühl wird gezwungen, sich in jenem Vakuum aufzuhalten, in dem die Unvereinbarkeit beider Lebenshälften immer wieder geleugnet werden muß.

*

Der Intellekt, der die vorgefundene, ihm ungemäße Anschauung überwinden will, vernichtet die Natur und erzeugt aus dieser Vernichtung eine zweite, künstliche Form der Anschauung, an der wir immer und unentrinnbar das Verschwinden der eigenen Natürlichkeit vor Augen haben.

*

Was hat uns die Entwicklung der Kutsche zum Flugzeug eingebracht? Zeit. Medizin und Ernährungswissenschaften verlängern unser Leben, aber der Zeitgewinn, den uns der Intellekt herbeizaubert, wird diesem Leben wieder abgezogen.
Vasco da Gama, der den Seeweg nach Indien entdeckte, konnte noch eine Verwicklung seiner Absichten mit dem Erleben der Welt zur Geltung bringen, wo

heute das öde, anschauungsarme Einerlei einer Flugreise nach Neu Delhi Start, Flugzeit, Landung ununterscheidbar macht. Die Absicht des modernen Handlungsreisenden ist mit den Möglichkeiten seiner Reise so wenig verwickelt, daß hier der Intellekt von allem Ballast gereinigt erscheint und nur noch im Unbehagen, in der Irritation über soviel Anschauungsarmut sein Gegenüber hat.

*

Die Evolutionstheorie hat die Teilung zwischen Jenseits und Diesseits, zwischen jener Welt, die wir erfahren können, und jener, die wir vermuten müssen, aufgehoben. Das Werden des Menschen ist jetzt eine Fahrt ins Unbekannte, und das Transzendentale wird dem Realen einverleibt.
Man könnte sich nach Maßgabe der Evolutionstheorie darauf einigen, daß die reale Welt, die wir erfahren und die wir selbst sind, ihre Bedingung in ihrem Werden hat, und doch kann der Intellekt die Frage nach dem Warum nicht unterdrücken. Das Denken, das uns fähig macht, unseren natürlichen Stoffwechsel bis ins Ungeahnte zu manipulieren, schwächt gleichzeitig unseren Lebenswillen, da auch die Vergeblichkeit unseres Denkens gedacht werden kann. Der Versuch, die metaphysische Bedürftigkeit des Menschen aus ihrer naiven, spekulativen Sublimation, den Mythen, Religionen, Ideologien usw. herauszubrechen, um sie der erkennenden Vernunft, den Wissenschaften als fröh-

lichen Ballast, als nie zu lösendes, aber um so spannenderes Rätsel beizugeben, muß mißlingen, da das unglückliche Bewußtsein, das aus dem Widerspruch des Denkens resultiert, nicht zu erlösen ist.
Auch die Wissenschaft definiert das Bewußtsein als Kontinuität der Gattung, wo es in Wirklichkeit immer nur in seiner unzulänglichen, zeitlich hinfälligen Einzelheit ins Leben treten kann. Hier und nirgends sonst entsteht die Bedürftigkeit nach Metaphysik, da ja nicht die Gattung, sondern der einzelne Trost braucht und zwar für die allzu kurze, ihm durch das Denken sinnlos gewordene Spanne seines Lebens. Wo die Wissenschaft untröstlich macht, tritt der Glaube wieder in sein Recht.

*

Die Astrophysik versucht das Phänomen der Supernova im Computer nachzubilden. Man hält es für das Produkt einer Kausalkette, die das Werden und Vergehen eines Sterns ausmacht. Aber der Computer, dem alle Kausalität eines Fixsterns eingefüttert wird, weigert sich, das Phänomen der Supernova überhaupt auch nur rechnerisch in Erwägung zu ziehen, so daß amerikanische Wissenschaftler erstaunt feststellen: Hätten wir dieses Phänomen nicht vor Augen, wir müßten an seiner Existenz zweifeln.
Was der Mensch sieht, will er deterministisch auffassen, aber dieser Wille verdunkelt ihm alle Leistung der Empirie. Vielleicht ist das Phänomen der Supernova

nicht das gesetzmäßige, sondern zufällige Ende eines Sterns, so wie der Verkehrsunfall das zufällige Ende eines Autos sein kann. Kein Computer, dem die Kausalität eines Autos eingefüttert wird, wäre imstande, einen Autounfall rechnerisch darzustellen. Die Wissenschaft ist durchaus in der Lage, Sachverhalte, die die einfache Anschauung sichtbar machen kann, wieder zu verdunkeln.

*

Da der Mensch vom Affen abstammt und gleichzeitig die metaphysische Bedürftigkeit gottähnlich zu werden entwickelt hat, werden wir vom Affen nie ganz loskommen, aber auch Gott nie erreichen. Bei Schopenhauer und dem Evangelium wird der Mensch erst glücklich, wenn er begraben ist. Absurder Gedanke. Aber merkwürdigerweise ist der Lebende durch diese ihn verneinende spekulative Konstruktion eher zu trösten als durch die Realität.

*

Die Düsseldorfer Ordinarien haben es abgelehnt, ihre Universität nach Heinrich Heine zu benennen. Die Empörung ist allgemein, und einige Kommentatoren rätselten über den Geisteszustand der Herren im Talar. Ist es Unbildung, ist es antisemitische Gesinnung, war

man sich der Ehre nicht bewußt? Der Journalismus, der sich sonst selten ratlos gibt und sogar dem lieben Gott auf die Schultern klopfen würde, versagt hier vor einem altbekannten Phänomen.
Ich würde den Düsseldorfer Ordinarien weder Unbildung, noch Antisemitismus unterstellen, sondern sie als das bezeichnen, was sie sind: deutsche Professoren. Der deutsche, ordentlich bestellte Professor ehrt sich selbst. Zu dieser Selbstehrung gehört, daß man anderen jenen viereckigen Hut, die höchste Trophäe, die man sich sauer erarbeitet hat, ehrenhalber weiterreicht.
– Wer der Anwesenheit eines deutschen Professors in einem Seminar teilhaftig werden durfte, versteht, warum Nietzsche noch im Wahnsinn äußerte: »Ich wäre lieber Baseler Professor als Gott.« Damit wäre alles gesagt. Und im Ernst: Wie kann man Professoren, die alle der Meinung sind, die Universität, die sie adeln, verdiente *ihren* Namen, zumuten, unter dem Ehrentitel eines Loreley-Sängers ihre Tätigkeit fortzusetzen?

*

Es gibt einen gedanklichen Ort, in dem man sich bestens und ohne Anstrengung einrichten kann. Es ist das hegelsche *Meinen*. Das Bewußtsein soll bei Hegel, um zur Vernünftigkeit zu gelangen, die Tatsache der eigenen Täuschung überwinden. Es ist in der Lage zu meinen, etwas sei vernünftig, was in Wirklichkeit unvernünftig ist, und kann es bei dieser Täuschung bewenden lassen.

Nun ist die Vernunft bei Hegel als Qualität der richtigen Erkenntnis definiert, und Hegel weicht der Konsequenz dessen, was wir erkennen können, mit dem Hinweis auf Gott aus, der bei ihm die Allmacht des Wissens, die absolute Erkenntnis ist. Damit hat Hegel Gott für den einzelnen abgeschafft. Man kann nur wünschen, daß der einzelne den sicheren Ort dessen, was er meint, auch wenn es der Wahrheit widerspricht, nie verläßt. Denn die Gründe der denkenden Vernunft würden ihn, wenn er wirklich versuchte ihnen beizukommen, untröstlich machen.
Die vollkommenste Art zu *meinen* ist der Glaube. Er ist schwerer zu erlangen als die Erkenntnis.

*

Wie wunderbar beschreibt Georg Heym zwei Liebende, die in einem Sarg nach ihrem Tod eine zeitlose Existenz wie in geschwisterlicher Nähe fortsetzen. Bei Heym und Trakl sind Leben und morbide Vergänglichkeit ununterscheidbar miteinander verwoben, und es ist erstaunlich, wie ihr beinahe noch pubertäres Alter die Ahnung einer ganzen Lebensspanne vorwegnehmen konnte.
Rilke hatte das Glück, erwachsen zu werden, und in der Lyrik seiner späteren Jahre empfindet er auf natürliche Weise, was Trakl und Heym genial vorausahnten: Er bereitet sich auf die letzte Bestimmung, auf seinen Tod vor, und es ist tragisch, daß es ihm nicht vergönnt war, so zu sterben, wie er es empfunden hatte.

Die Lyrik Stefan Georges vermittelt jene stilisierte Wehmut, die Böcklin gemalt hat und die mich besonders auf seiner *Toteninsel* unwiderstehlich anzieht. Kitsch und Trauer, Wehmut und Sentimentalität haben hier eine schmale Grenze.

*

Nietzsche betrieb seine »Umwertung aller Werte« aus dem Gefühl der Enge. Er wollte Luft, um jeden Preis Luft, aber dies nicht nur gegen die Mittelmäßigkeit, die die Enge zum Milieu des Lebens erhebt, sondern auch gegen das metaphysische Bedürfnis. Er weigert sich, zwischen der gedankenlosen Moral des Spießers und der gedankenvollen Moral derjenigen, die über die letzten Gründe des Lebens nachdenken, zu unterscheiden, und so wertet er alle Philosophie und Religionsphilosophie als bloße Moralanstrengung.
Die Verwischung aller Grenzen, die Nietzsche in Anspruch nimmt, treibt ihn in die Enge des Immoralisten. Überhaupt fällt auf, wie sehr Nietzsche der Kraft des Physiologischen als unendlichem Progress vertraut und wie wenig er Krankheit, Altern, Todesgewißheit, also alles, was der physiologischen Kraft eine Grenze setzt, berücksichtigt. Nietzsches Gedankenwelt wird von der Sehnsucht nach jugendlicher, unbedingter Kraft angetrieben. Aber zur Kraft gehört die traurige Gewißheit ihrer Abnahme und Verkleinerung, ja ihres Verschwindens. Ihr Umschlag in die Schwäche ist eine ihrer unwiderlegbaren Lebensbedingungen. Alles wird

enger, kraftloser, und hier beginnt die Suche nach der Möglichkeit einer Überwindung von Raum und Zeit, die die Philosophie zu Recht nur noch in der gedachten Transzendenz zu finden hofft.

*

Die Zivilisation, die wir uns geschaffen haben, ist mit viel Weihrauch angereichert. Die Skala der Wertzumessungen wird von Jahrhundert zu Jahrhundert länger, so daß wir uns jetzt schon einbilden, alles, was uns nützt, sei nützlich, das Unnütze unnütz usw. Aber am dichtesten ist der Weihrauch dort, wo wir uns selbst bewerten. Hier steigert sich die Wertzumessung zur biblischen Lobhudelei, selbstverständlich ist der Mensch die Krone der Schöpfung. Auch die materialistischen Ideologien können den Umstand nicht fassen, daß gedankenlose Materie imstande war, den Menschen hervorzubringen.

Nietzsche hat versucht, den Aufwand an Weihrauch herabzusetzen. Aber auch er, der als erster die physiologischen Prozesse am Menschen höher bewertete als dessen Fähigkeit zur Selbstüberschätzung, stellt den Homo sapiens ins Zentrum seiner Aufmerksamkeit. Warum eigentlich? Der einfachste Weg, den Weihrauch abzuschaffen, wäre unser Eingeständnis, daß wir in der Natur keine Ausnahme darstellen und daß der Mensch dem Tier nur die Anmaßung voraushat, die durch Selbsterkenntnis abgeschafft werden könnte.

*

Man fürchtet jetzt überall um das eigene Leben, weil die Selbstvernichtung der menschlichen Gattung möglich geworden ist. Aber wer die Selbstvernichtung möglich macht, hat sie beinahe verdient. Erbärmlich wird eine mitleidsarme Zivilisation durch Selbstmitleid.

*

Nietzsche denkt auf sensibelste Weise ethisch. Nicht, wenn er sich im *Jenseits von Gut und Böse* aufhält, aber wenn er fordert, daß nicht vor jedem Geheimnis der Schleier gelüftet werden darf, und wenn er immer wieder davon spricht, wie sehr sich Gleichgesinnte nicht durch Berührung, sondern durch distanziertes Aneinandervorbeigehen anerkennen. So viel Scheu, die die gesellschaftliche Verkehrsform sensibilisiert, kennt unser Zeitalter nicht mehr.

*

Der ideale Versorgungsstaat sichert das Leben, nachdem es die Fülle seiner Möglichkeiten verloren hat. Wer nur noch wünscht, in allen Lebensaltern versorgt zu sein, reduziert sich auf Reflexe, die das Elend und den Tod zwar noch fürchten, aber es ist eine Furcht, die keine Gründe mehr geltend machen kann.

*

Wir leben in einem ehrlosen und gedankenlosen Zeitalter. Das Gefühl von Ehre, das bis zur Jahrhundertwende noch als zivilisatorisches Ideal gelten konnte, provoziert heute lediglich mitleidiges Achselzucken. Wer käme noch auf den Gedanken, eine Beleidigung mit einer Herausforderung zum Duell zu beantworten? Dafür sind die Zivilgerichte zuständig, und so hat die Aufklärung auch noch jenen Rest charakterlicher Unverwundbarkeit, die im Irrationalen wurzelte, aufgebraucht. Die Beleidigung kann jetzt ohne jedes Risiko in ihr Unrecht treten, und der Beleidigte ist gut beraten, wenn er sich an eben jener Risikolosigkeit schadlos hält. So gilt nichts mehr. Alles wird ins Unverbindliche gezogen, auch wenn es die verletzende Folge zwischen Ursache und Wirkung beibehält.
Aber wo dem Charakter das Recht auf Emotionalität verweigert wird, gedeiht auch die Gedankenlosigkeit. Alles, auch die Sphäre des Bewußtseins, wird nun Mittel zum geschäftigen Zweck, und die Geschicklichkeit, die darin besteht, das eigene Leben möglichst risikolos und mit dem geringsten Reibungsaufwand auf der Grenze des Gesicherten zu halten, ist nun das Ziel aller Wünsche und der Grund gesellschaftlicher Anerkennung.
Ich meine nicht den Begriff der Ehre, der als Ideologie die tugendhaften Reserven ganzer Generationen aufgebraucht hat. Das Gefühl der Ehre ist der Wille zur Unversehrtheit dort, wo die Verwundung die Grenze zur Selbstachtung niederreißen würde. Es ist also ein Ge-

fühl des einzelnen, das den Kern seines Charakters bildet und zu seinem Überleben notwendig ist, vorausgesetzt, er hat dem Ausverkauf seiner Selbstachtung nicht schon freiwillig zugestimmt und jenen Grad an Abgerichtetsein erreicht, der seine Einzelheit, auch wenn sie auf eigenen Beinen steht, null und nichtig macht.

*

Das Vollkommene vermittelt Ruhe. Hier sind Verstand und Empfindung zur bewundernden Untätigkeit gebracht.
Das Fragmentarische macht unruhig. Aber es ist eine Unruhe, die an der Unvollkommenheit teilnehmen und sie überwinden will, und, da dies nicht gelingen kann, in immer neuer Unruhe ihre Befriedigung suchen muß. Dies ist der Grund, warum es uns nicht gelingt, Goethes *Faust* irritationslos zu bewundern.

*

Die märkische Schweiz ist reich an kleinen, abgelegenen Gewässern, die an Fontanes *Stechlin* erinnern. Auch hier scheint alles unberührt: Die Schilfgürtel, die die Ufer säumen, die Erlen, die in dem morastigen Boden bis an die Wassergrenze herandrängen, und wenn es zu dämmern beginnt und man von einer Anhöhe herab die unheimliche, schwarze, ganz und gar

stille Tiefe eines solchen Sees vor Augen hat, wünscht man sich jenen provinziellen, anheimelnden Aberglauben herbei, der einen roten Hahn inmitten all dieser Schönheit vermutet. Er steigt aus dem Wasser empor, reckt sich und kräht weit in die Lande hinein, wie Fontane es unnachahmlich beschrieben hat.
Die Gegend ist menschenarm, und dies läßt jene Ruhe, aber auch jene Betroffenheit aufkommen, die nur entstehen kann, wenn der Betrachtende sich vor soviel Natur unterlegen fühlt und gezwungen wird, gerade hierin seine Geborgenheit zu suchen.

*

Bei Fontane sind Mensch und Natur in bestem Einvernehmen. Wenn Innstetten von der Liebesaffäre seiner Frau erfährt und an die Ostsee zurückkehrt, wird die ihm sonst so geliebte Landschaft zum Spiegel seiner seelischen Befindlichkeit. Beim Duell sind Hergang, Personen, Ambiente derart miteinander verwoben und ununterscheidbar, daß Crampas' Tod nur zwischen diesen Dünen gedacht werden kann.
Im *Stechlin* sind der See, die Köhlerhütten, die herrschaftlichen und weniger herrschaftlichen Wege ebenso Personnage wie der Kutscher Martin, Gendarm Uncke, Melusine oder die Betschwester Adelheid. Aber ebenso die alte Buschen, die vornehmlich mit ihrer Kiepe im Wald anzutreffen ist und die mit Liebstöckl und Allmannsharnisch jedes Leiden, das der Doktor Sponholz und die Granseer Apotheke nicht lin-

dern können, mir nichts, dir nichts aus der Welt zu schaffen weiß.
Auch der Aberglaube wird bei Fontane nie denunziert. Er gehört zur Szenerie des Lebens und wird ernsthaft in Erwägung gezogen, wenn von den allerletzten Dingen unserer Existenz die Rede ist. Überhaupt werden dem Realen und dem Irrealen die gleichen Rechte eingeräumt. So hofft der sterbenskranke Stechlin, mit der nötigen Ironie, versteht sich, auf die Hexerei der alten Buschen, so erlebt das Kind Agnes mit aufgerissenen Augen den Tod seiner Herrschaft, ein Vorgang, der für das unschuldige Gemüt unfaßbar ist und es so sehr entsetzt, daß es vor Ermüdung darüber einschläft.

*

Bewunderungswürdig, wie schlicht, treffend, wie zurückhaltend humorvoll Fontane schreiben konnte. Die Umständlichkeit seines Stils wirkt wie ein feines Gewebe, seine Provinzialität ist anrührend, seine Dialoge sind präzis und messerscharf wie die eines Dramatikers. Toleranz als Prosa, alles ganz und gar unforciert. Die Kraft für soviel Nachsicht, Leichtigkeit holte sich Fontane aus seiner konservativen Gesinnung.
Sein *Stechlin* ist eine Huldigung an den preußischen Adel, der seinen Kampf gegen die sozialdemokratische Bewegung längst verloren hatte, dessen soziales Gefüge aber noch intakt war.
Der Wahlsonntag bringt den Sozialdemokraten den Sieg, den Konservativen die übliche Niederlage, die sie

bei Sekt und Rehrücken und unter den Klängen des Tannhäusermarsches feiern. Auf dem Heimweg zum Herrenhaus beherrscht noch das alte Oben und Unten die Szenerie, auf dem Sterbebett aber macht sich der alte Stechlin doch konkrete Sorgen darüber, ob die Globsower, die armen Leute, nicht die Zukunft längst auf ihrer Seite haben.

Bei Lektüre dieser Szene wird einem klar, wie dicht Fontane sein letztes Buch am Abgrund jener Ereignisse geschrieben hat, die alles, was er vor Augen hatte, innerhalb von Jahrzehnten bis zur Unkenntlichkeit veränderten. Als das Buch erschien, schüttelte man schon den Kopf über so viel konservatives Beharrungsvermögen. Die Novemberrevolution erschütterte das soziale Gefüge und somit das Selbstverständnis der preußischen Feudalität, die unter der Diktatur Hitlers bis auf wenige Ausnahmen physisch vernichtet wurde. Die Besetzung der rechtselbischen Gebiete durch die sowjetrussische Armee vollendete diese Vernichtung durch Expropriation.

Wo der alte Stechlin noch die allmähliche Metamorphose der Sitten beklagen konnte, wo ihm die fortschreitende Verpackungskultur der Granseer Apotheke noch Anlaß zu sarkastischen Bemerkungen gab, wo sein Begräbnis noch einmal die alte, in Jahrhunderten gewachsene und gefestigte Stimmung einer feudalen Szenerie heraufbeschwören konnte, brach Jahre später alles zusammen. Brutalität und Vehemenz dieses Vorgangs hätten sich Fontanes Verständnis durchaus entzogen.

*

»Bedenke den Wechsel der Zeiten.« Brechts Anmerkungen das Existentielle betreffend sind rar und dann meist lakonisch. Der politische Wechsel, den er für Deutschland so sehr wünschte, hat die Landschaft, die Fontane in seinem *Stechlin* beschreibt, rigoros verändert, und man ist versucht, die Warnung des alten Stechlin vor den »Globsowern« nachträglich nochmals zu bekräftigen.
Die »soziale Völkerwanderung« hat jenes Rheinsberg-Wutz, in dem Fontane den absterbenden preußischen Landadel liebevoll beschrieben hatte, in eine gesellschaftliche Steppe verwandelt. Die Auflösung der patriarchalischen Verhältnisse ist überall sichtbar: Die Herrenhäuser verfallen oder wurden sozial umfunktioniert, aber merkwürdigerweise bilden eine Kindertagesstätte oder ein Kulturclub für Jugendliche keinen Kontrast zu den herrschaftlichen Gewohnheiten, die um die Jahrhundertwende noch in voller Blüte standen. Schlösser und Katen, Kastanienalleen und holprige Wege, die in ihrer Unterschiedenheit immer noch anzutreffen sind, ergeben nun einen sinnlosen Anblick, da die gesellschaftliche Verkehrsform, die sie schuf und mit Leben erfüllte, verschwunden ist und die neue Verkehrsform anonym und phantasielos ausfällt. Was bedeutet das reglementierte Einerlei, das heute die ländliche Szenerie beherrscht gegen den Wahlsonntag, den der alte Herr von Stechlin gelegentlich zu absolvieren hatte! Wie lebte da die politische Kleinstadt! Und wenn Martin am Abend seinen Herrn nach Hause fuhr

und Fontane jene Begegnung mit dem betrunkenen Teerschweler Tuxen schildert, wie prall, wie lebendig wird plötzlich das Gefälle zwischen arm und reich. Jede Epoche schafft sich ihre Szenerie. Sie mag provinziell ausfallen, und wer auf der Strecke von Berlin nach Hamburg die Ortschaft Ribbeck durchfährt, wird an Fontanes Ballade erinnert. Aber diese Erinnerung macht wehmütig. Der Geist des alten Herrn von Ribbeck auf Ribbeck im Havelland ist längst nicht mehr anwesend, und alles wirkt trotz gegenwärtiger Bemühungen wie ein sozialpolitischer Friedhof, wie eine Nekropole aus wilhelminischer Zeit.

*

Das hohe Gras unter den vom Winde bewegten Pappeln, der wilde Birnbaum am Rande des Kartoffelfeldes, der Habicht, der über den Stoppelfeldern kreist, abdreht und dann im nahen Wald verschwindet, die Binsen auf der morastigen Wiese, der Hecht, der sich im fast zugewachsenen Wassergraben zu verstecken sucht und doch entdeckt wird, die langen, unheimlichen Schatten, die der Mond nachts, bevor er von Wolken wieder verdeckt wird, über die Wege zaubert... dies alles sind Eindrücke, die das kindliche Gemüt gefangenhalten und nachhaltig prägen. Später, in jenen Jahren, in denen wir unfähig geworden sind, uns dem Zauber der einfachen Anschauung hinzugeben, erinnern wir uns wehmütig an jene Naivität, die unser Eingebettetsein in die Natur noch als selbstverständliches

Abenteuer hinnahm. Es war das Gefühl der Geborgenheit im Unheimlichen, wenn wir nachts eine Grille zirpen hörten, deren Versteck sich nicht ausmachen ließ, oder wenn wir am Teich den Verdacht nicht loswurden, der Kahn, der doch am Steg festgebunden war, hätte sich um einige Zentimeter entfernt.

*

Rousseau, der seinen Kopf mit Gedanken zum »Gesellschaftsvertrag« marterte, floh das abstrakte, enge Paris und suchte Ruhe und Geborgenheit unter Bäumen. Sein »Zurück zur Natur« hat sicher auch Gründe, die nur die kindliche Naivität geltend machen kann.

*

Wie könnte man in Zukunft philosophieren? Ausschließlich spekulativ. Die kritische Vernunft hat die spekulative Vernunft immer als trüben Rest behandelt, den es aufzulösen galt, und so wurde das spekulative Denken als Unentwickeltheit am kritischen Denken definiert.

Bei Hegel wurde das Spekulative als Geistigkeit gesetzt, als göttliches Apriori, das aber tatsächlich erst durch Einvernahme der Realität wird. Dies war das letzte Glied in der Kette des Pantheismus, der das Spekulative, nicht Aufzuklärende als göttliches Prinzip der Natur setzt und diesem alle kritisch erkannte und anerkannte Realität als Definition einverleibt. Der Pantheismus sichert und erneuert die flüchtige Einzelheit, indem er ein allgemeines Prinzip setzt, das dieser Sicherung und Erneuerung dient.

Aber auch jene philosophischen Systeme nach Hegel, denen dieses Sichern und Erneuern der Einzelheit durch das allgemeine Prinzip zweifelhaft erscheint, erklären die Realität aus der Transzendenz. So Kierkegaard und Schopenhauer oder Nietzsche, letzterer mit dem größten Widerwillen. Auch der Dualismus Kants, bei dem sich die kritische Vernunft am »Ding an sich« abarbeitet, ist aufklärerisch gemeint. Eine zukünftige Philosophie müßte diesen Anspruch radikal aufgeben. Wo nur die Zufälligkeit unserer Existenz, ihre Sinnlosigkeit und ihr Gefesseltsein in den gleichgültigen Abläufen der Naturprozesse erkannt werden können, stößt die kritische Vernunft auch jenen trüben Rest von sich ab, den sie aufgeklärt wissen wollte, der aber ihr Zweck und Ziel war, nämlich: Dem Menschen transzendentale Sicherheit zu geben. Und wo die kritische Vernunft sich derart reinigt und absichtsloses Erkennen wird, rettet sie den einzelnen nicht mehr, er muß in die Metaphysik flüchten.

Die Metaphysik der Zukunft wäre nun nicht mehr jenes existentielle Rätsel, das es aufzulösen gilt. Sie wäre vielmehr der Wille, am Rätselhaften unserer Existenz festzuhalten, weil jeder Auflösungsversuch im unglücklichen Bewußtsein enden muß. Es wäre jenes vernünftige Verhalten, das an der Täuschung, die uns die Dinge eingeben, bewußt festhält und die Illusion darüber, daß die Dinge einen höheren, auf uns gerichteten Zweck

haben, höher schätzt als die ernüchternde Leistung des Verstandes. Es wäre der Wille zur Dummheit. Der Intellekt hätte hier jenes Meisterstück vollbracht, das ihm Schopenhauer abspricht: Er würde erkennen, daß nichts Erkennenswürdiges erkannt werden kann. Er würde die letzten Fragen unserer Existenz der Welt seiner Vorstellung überlassen und mit den Mitteln der Phantasie ausschmücken, so wie es am angenehmsten ist.
Freiheit wäre nun nicht mehr wie bei Hegel Einsicht in die Notwendigkeit, sondern jenes uneinsichtige Denken, das der Realität widerspricht und sich im Reich der Phantasie aufhält ohne Rücksicht auf die kritische Vernunft, die den einzelnen doch immer nur, unter dem Versprechen ihn zu erlösen, in die Fesseln der Realität zurückzwingt.

*

»Verstand schafft Leiden.« Aber nicht durch Mangel an Partnerschaft. Am meisten leidet der Verständige unter jenen, die gerade soviel Verstand haben, daß sie stolz darauf sind.

*

Brechts Auffassung des Vernünftigen war ebenso eng, weil ausschließlich mit dem Sozialen verwickelt, wie die Blochs.

*

Was ist vernünftig? Wann wird der Intellekt vernünftig? Wenn er umzukehren versucht, wenn er den Willen zur Dummheit als vernünftig begriffen hat. Ansonsten wird Bewußtsein immer zum Verhängnis.

*

Die höchste Leistung des Intellekts ist der Wille zur Dummheit. Aber eben der Wille, was die Dummheit wieder aufhebt. Dummheit aus Einsicht macht frei.

*

Die Dummheit wäre hier nicht Intellektschwäche, die sich durch Ressentiments aufzufüllen versucht, sie wäre eine Selbstverweigerung des Verstandes, der sich selbst als Quelle allen Unglücks begriffen hat.

*

Wenn die Evolution zufällig abläuft und ihr sublimstes Produkt, der Intellekt, ebenso ein Produkt des Zufalls ist, kann das Erkennen nur seine eigene Zufälligkeit vor

Augen haben. Insofern wäre die Entwicklung des Intellekts tragisch. Aus dieser Einsicht nun der Wille zur Dummheit: Denk- und Vorstellungsformen, die das Zufällige überdecken, abfälschen.

*

Der Mensch kann das Absolute denken. Hiermit reißt er sich selbst als Grenze nieder. Da er etwas denken kann, was er nicht ist, dieses Denken ihm aber als Bedürftigkeit anhängt, kann er sich mit seinem Dasein nicht mehr versöhnen. Die Unsterblichkeit, die der Vergänglichkeit des Lebens widerspricht, ist das Resultat einer solchen Vorstellung.
Indem der Mensch seine natürliche Grenze gedanklich überschreiten kann, ist er zerrissen, oder besser: Er ist im Realen und Gedachten so sehr und so wenig verankert, daß er ein Drittes, nämlich die Kunst zu leben, entwickeln muß.

*

Für den einzelnen bedeutet die Kunst zu leben zweierlei: Erstens, er muß sein metaphysisches Bedürfnis kompensieren lernen, eine Anstrengung im Bereich des Unmöglichen. Pascal empfiehlt die Religion, auch zum Preis der Verdummung. Wo diese nicht gelingt, helfen philosophische Systeme, wo sie nicht gelingen,

hilft die Ablenkung, die die Angst, die im unbefriedigten metaphysischen Bedürfnis nistet, erträglich halten kann. Das menschliche Miteinander wäre die größte Gelegenheit der Ablenkung, da hier Individuen miteinander leben müssen, die den gleichen existentiellen Bedingungen ausgesetzt sind. Aber nun erfährt der einzelne, daß die menschliche Gesellschaft aus eben der gleichen existentiellen Not, die den einzelnen in ihre Berührung zwingt, bestrebt ist, ihn wieder loszuwerden, und zwar bis zum Totschlag.
Der einzelne muß nun zweitens sein Bedürfnis nach Ablenkung nochmals kompensieren, entweder indem er gegen diese Gesellschaft einen Feldzug der Menschenfreundlichkeit unternimmt, oder indem er sich in die Zivilisation des Bösen flüchtet.

*

Für Nietzsche ist der Mensch ein nicht festgesetztes Tier, was heißen soll: Seine Triebhaftigkeit ist nicht zielgerichtet, sondern durch die Entwicklung des Intellekts ziellos geworden. Die Anstrengung zur Ethik, die dieser Ziellosigkeit einen Kompaß setzen will, ist nur ein Resultat des gleichen Intellekts, der die Ziellosigkeit herbeigeführt hat.
Die Forderung Hegels, das Sittliche möge durch Verinnerlichung zur eigentlichen Natur des Menschen werden, kann nicht gelingen, weil der Intellekt zwischen dem Sittlichen und dem Sittenlosen wählen, ja dem Unsittlichen die Maske des Sittlichen aufsetzen kann.

Wo der Intellekt dem Trieb kein Maß setzt, multipliziert er diesen ins Maßlose.

*

Die Zivilisation des Bösen wäre möglich und wünschenswert, wo die Anstrengung zur Menschenfreundlichkeit nicht gelingt. Sie ist mehr als jenes gedankenlose Bekenntnis zur Humanität, das unser tägliches Miteinander begleitet, aber nicht bessern kann.
Daß Mephisto Faust gelegentlich verachtet, liegt in der Natur der Sache, der Mensch ist »faustisch«, was heißen soll: Er ist ein Gemisch aus Trieb und Edelmut, die sich gegenseitig behindern, so daß am Ende nur noch ein schlaffer, wehleidiger Verschnitt beider Anstrengungen das Ergebnis der Menschwerdung des Affen ausmacht.
In Montepulciano sah ich auf einem Plakat, das eine Ausstellung über den Pariser Jugendstil anzeigte, eine junge Frau auf einem Kanapee sitzen, die sich eindeutig für die Zivilisation des Bösen entschieden hatte. Sie saß hochaufgerichtet auf kleinstem Raum, ihre Lippen, ihre Augen in stolzer, hochmütiger, ja böser Absicht geschminkt, und doch hatte man den Eindruck, hier würde sich jemand aus Einsamkeit, Angst, Enttäuschung über das Leben in eine Haltung flüchten, um wenigstens der Form dort, wo die Substanz der Mühe nicht lohnt, etwas Ansehenswertes zu geben.

*

Das unzivilisierte Böse ist nur ein gedankenloses Produkt charakterlicher Anlagen und entsteht oft unbewußt, was heißen soll: Es entsteht aus keiner Anstrengung zur Sublimation.
Die Psychopathologie des Alltags enthält diese Form der Bosheit, die, wenn sie zu politischer Macht gelangt, das Gedankenlose, Unsublimierte, Zivilisationsarme als autoritäre Gewalt dem einzelnen aufzudrängen versucht. Diese unzivilisierte Form des Bösen ist hier nicht gemeint, sie ist alles andere als wünschenswert.

*

Die Ontologie kennt kein Gut oder Böse. Was bei Nietzsche noch als skandalös gelten durfte, sollte heute selbstverständlich sein. Trotzdem wird das Sittliche immer noch gattungsidentisch gesetzt. Der Humanismus ist eine ideale Forderung der Vernunft, die das *Jenseits von Gut und Böse* dem Menschen aberziehen will. Er ist eine Absicht, und jede Absicht, auch die beste, grenzt ihr Objekt ein.

*

Nietzsche irrt, wenn er meint, das Christentum hätte der menschlichen Natur das Salz des Bösen ausgetrieben. Heute ist das Christentum fast bedeutungslos, und doch sehen wir uns überall mit jener mittelmäßigen Bravheit konfrontiert, die den Trieben weder etwas anerziehen, noch aberziehen kann und die sich auf ihre humane Schlaffheit etwas zugute hält. Die Phantasiearmut, die diesen Zustand begleitet, weiß nichts mehr von jener existentiellen Not, die das Christentum beantworten möchte, oder die den Willen, den Nietzsche im Sinn hatte, zwingt, in die Zivilisation des Bösen zu flüchten.
Die Zivilisation des Bösen, der Goethe mit seinem Mephisto ein Denkmal gesetzt hat und die im Jugendstil ihren dekadentesten Ausdruck erreichte, ist heute undenkbarer als zur Zeit Nietzsches. Die Ausrichtung menschlicher Bedürfnisse nach den Maximen einer öden, moralisierenden Vernünftelei verantwortet nicht das Christentum, sondern die Massenemanzipation.

*

Für Nietzsche verschuldet das Bewußtsein alle Philosophie. Er deutet das metaphysische Bedürfnis als Überschätzung des Intellekts. Das Eigentliche am Ego ist ihm der unbewußte Wille zur Kraftentfaltung, den er als »Willen zur Macht« umschreibt.

Nun gehört aber der Intellekt zum Menschen wie dessen Arme und Beine, und die unbewußte Verdauung, die nach Nietzsche, da sie sich ökonomisch einzurichten weiß, dem Prinzip des Lebens zuzurechnen ist, kann durch seelischen Kummer, der sich nicht nur unbewußt äußert, durchaus an ihrer Ökonomie gehindert werden.
Für Nietzsche sind Intellekt und Leben getrennt. Tatsächlich aber sind sie ununterscheidbar, oder besser: Da unser Sein bewußtes Sein ist, muß das Bedürfnis zur Philosophie nicht als Schuld des Intellekts, sondern als Not des Lebens definiert werden. Die Ausrichtung auf das Triebhafte als wesentliche Bestimmung des Lebens schafft den Intellekt nicht aus der Welt. Sie läßt ihn verwildern, bis er am Trieb, da er ihn nicht mehr kontrollieren darf, als Multiplikator der Unberechenbarkeit und der perversen, maßlosen Befriedigung wieder hervortritt.

*

Mit dem Vampirismus ist der Zivilisation des Bösen eine Metapher der Unsterblichkeit gelungen, die das tatsächliche Leben und nicht das Heilsversprechen zur Voraussetzung hat. Mephisto muß sich auf Gott beziehen, wenn er der Seele Fausts nachjagen will, Graf Dracula raubt die Jungfrauen im nächsten Dorf, ohne spekulative Gründe geltend zu machen.
Überhaupt ist die Unsterblichkeit hier eine praktische Sache, die nur das Kreuz und den Knoblauch zu fürch-

ten hat und die das Herrschaftsverhältnis, das der Feudalismus entwickelte, auf schauerliche Weise fortsetzt. So bleibt Graf Dracula auch nach seinem Tode, was er war und was seine Unsterblichkeit wünschenswert macht: Ein enzyklopädisch gebildeter Mann, der seine Bibliothek zu nutzen weiß. Er sitzt, wenn die langen Winterabende ihn dazu nötigen, vor dem Kamin, spielt Schach oder Cembalo oder betrachtet aus seinem Fenster die Schneelandschaft, die ihn nachdenklich und melancholisch macht.
Er ist ein Ziehkind der Aufklärung und überwindet die Schranke zum Tode durch Bosheit, die aber auch wieder einen zivilisatorischen Grund geltend machen kann. Das blutige Verlangen wird nicht auf barbarische, sondern auf erotische Weise gestillt, und wer die Cembalomusik von Scarlatti hört, hat einen Eindruck davon, wie ununterscheidbar Gewalt, Erotik und Schönheit zusammengehören können.
Der Schrecken, der unter den Dorfbewohnern herrscht, wird durch die Süchtigkeit der überfallenen Jungfrau gemildert, die (halb zog er sie, halb sank sie hin) nun ihrem Verführer folgen darf, ohne Gedächtnis darüber, daß ihre Verruchtheit die Voraussetzung für ihre Unsterblichkeit ist.
Hier herrscht keine Allmacht und keine undurchschaubare Transzendenz, hier bleibt der Mensch unter seinesgleichen und regelt jede metaphysische Bedürftigkeit auf einfache Weise, indem er das Leben nach dem Tode durch jene Bosheit verlängert, die ihm vor dem Tode so lieb und vertraut war.

*

Das Feuer des Prometheus war den Göttern abgerungen, und in der Zwiesprache mit ihnen war die menschliche Natur gebunden, auch wenn diese Bindung eine nur vorgestellte war.

Die Demut, die aus der Vorstellung und Anerkennung einer transzendentalen Übermacht resultierte, schien ein angemessenes Zaumzeug für jenes »nicht festgesetzte Tier«, das in Gedanken alle Natürlichkeit, die auch ihm gesetzt ist, überfliegen kann. Solange dieses Fliegen-Können ein Götterfunke war, der uns beseelte, waren die Mittel geliehen, und soviel der Mensch mit seinen Gedanken auch umfassen konnte, die Gewißheit, daß ihm so viel Freiheit nur auf Widerruf gestattet war, gab ihm eine sichere Grenze.

Die Aufklärung riß diese Grenze nieder und Goethes *Prometheus* markiert den Übermut der Vernunft, die ohne Götter auszukommen glaubt. Der Humanismus sollte nun eine Leistung des Verstandes sein, der einzelne sollte sich selbst durch das Streben nach Sittlichkeit eine eigene Grenze geben.

Diese schönen, bei Schiller bis zur rhetorischen Anmut betriebenen Absichten bilden nun ein Pantheon, in dem die klassische deutsche Philosophie und Dichtung ihre Träume aufgebahrt haben.

Wir bewundern heute noch den Kategorischen Imperativ bei Kant, die Bühne als moralische Anstalt bei Schiller, die Vergöttlichung des Menschen durch seine Vernünftigkeit bei Hegel, die pantheistische Ruhe und Ausgeglichenheit Goethes, aber es sind verwelkte Hoffnungen, die wir da in Ehren halten.

*

Hebbel hat ein Stück geschrieben, um das ich ihn beneide: *Maria Magdalena.* Ansonsten favorisiert er die Idee, aber das Besondere, das die Dramen Schillers mit rhetorischem Glanz ausstattet, bleibt bei Hebbel unentwickelt. Schiller favorisiert die Idee ebenfalls, aber in der Ausführung bleibt er naiv und anmutig, so daß die Eboli, obwohl arm an psychologischer Befindlichkeit, uns letzten Endes doch anrührt.
Das Leben, das Hebbel geführt hat, nötigt Respekt ab. Der Kampf gegen die Wiener Presse hat diesen Mann erschüttert, die Mißachtung Laubes hat ihn tief gekränkt. Der Spott, den er ertragen mußte, weil er das Demetriusfragment von Schiller vollenden wollte, beweist, wie wenig das damalige Wien diesen klaren, kühlen, nordischen Kopf verdient hatte. Die Vorwürfe Laubes mußte Hebbel unbeachtet lassen, weil dieser nicht den Mangel an Realismus gegen ihn geltend machen konnte, sondern den Mangel an lokalem Kolorit und an Sentimentalität. Hebbel war Realist, aber er hatte zuviel Zucht. Es fehlt ihm an subjektiver Willkür, die Schillers Stil so unverwechselbar macht, und er irrte, wenn er glaubte, die Objektivität müsse sich auch in der Manie des Schreibens Geltung verschaffen.

*

Mit *Maria Magdalena* wollte Hebbel das bürgerliche Trauerspiel wiederbeleben, das von Schiller bis zur Klassizität gesteigert worden war. Aber Schillers Pro-

blem war die Konvenienz. Hebbel kann das Politische unterlassen, und er ist meines Wissens der erste, der in die Abgründe privatester Befindlichkeiten hinabsteigt wie später Ibsen oder Strindberg.
Die Konsequenz, mit der Hebbel eine unentrinnbare, sich nur in den Sphären der Uneigentlichkeit abspielende Verstrickung zwischen Vater und Tochter in Szene setzt, erinnert daran, daß hier jener Zeitgeist, der Freud zugeschrieben wird, schon seine ersten Blüten setzte.

*

Abfällige Äußerungen über Schiller sind zahlreich und sie wiegen schwer. Sein Mangel an Realismus, besonders aber seine emphatische Forderung nach Sittlichkeit veranlaßten Nietzsche, ihn als »Moraltrompeter von Säckingen« zu verspotten. Goethes Skeptizismus wird gegen ihn geltend gemacht, aber Schiller forderte, was wir in Ansehung der Welt und unserer eigenen Natur allerdings bitter nötig haben: die Aufbesserung der realen Misere durch die Freiheit des Gedankens.
Wenn Beethoven in seiner Neunten Symphonie die Schwermut, zu der er sich verdammt fühlte, rigoros unterbricht, um mit Schillers »Freude, schöner Götterfunken« fortzufahren, so ist dies nichts anderes als eine Flucht vor der Unerträglichkeit des Realen in die Welt der vorgestellten Freiheit.
Wir können dem Ästhetischen nicht immer nur die Forderung nach dem Realen auferlegen, ohne die Kunst zum Werkzeug unserer Verzweiflung zu degradieren.

*

Erstaunlich, wie rigoros Goethe in seinem *Faust* privatisiert. Die *Klassische Walpurgisnacht* liest sich oft wie gereimte Philologie, oder besser: Goethe ist in der Welt der griechischen Mythologie so sehr zu Hause, daß er sich Nuancen erlaubt, assioziative Anspielungen, die sein privatestes Interesse berühren. So wird das Epische ein Rückzug, und Goethe nimmt keinerlei Rücksicht auf sein Publikum. Vielleicht sind dies Anzeichen seiner Resignation, die er in den Gesprächen mit Eckermann erwähnt. Der *Faust* ist unspielbar und, wie ich meine, für ein breites Publikum unlesbar. Die Bockigkeit, mit der Goethe, in zunehmendem Maße isoliert, sich der romantischen Schule verweigert, findet hier ihren Ausdruck, und ich habe den zweiten Teil des *Faust* auch immer als Psychogramm Goethes gelesen.

*

Schiller wollte den Menschen bessern. Dies machte ihn anfälliger, und wer dem Kategorischen Imperativ Kants so unbedingt, so emphatisch Geltung verschaffen wollte wie er, mußte dem Spinoza-Schüler Goethe auch in der Ökonomie seiner Kräfte unterlegen bleiben. Den Menschen kann man nicht bessern, insofern war Schillers Idealismus Selbstaufopferung. Goethe schrieb seinen *Wilhelm Meister* gelassener und widme-

te der Korrespondenz zum Beispiel mit Humboldt oder seinen naturwissenschaftlichen Studien mehr Zeit als seiner Dichtung. Sein Pantheismus machte ihn ruhig und zuversichtlich, denn wo jedes Geheimnis der Natur gleichzeitig ein Geheimnis Gottes ist, kann man die Unzulänglichkeit des Menschen diesen Geheimnissen ruhigen Gewissens einverleiben.
Für Goethe war die Natur ein sich ewig reproduzierendes Prinzip, dessen Vielfalt es zu entschlüsseln und zu bestaunen galt. Wir wissen heute, daß der Naturbegriff nur dem Seienden nicht entrissen werden kann, daß aber jene Anschaulichkeit, die Goethe noch als Natur bestaunte, eine ihrer äußerlichen Formen ist. Trotzdem: Der Pantheismus war die letzte tröstliche, menschenfreundliche Anschauung über die Natur der Dinge.

*

Die Begeisterung Schillers für die Form war eine seiner Hauptschwächen. Er irrte, wenn er Goethes *Hermann und Dorothea* als Muster der Prosa feierte, weil Goethe den Hexameter benutzte. Überhaupt scheint mir, zuviel Formbewußtsein engt den Blick für die Realität ein. Die Genialität Schillers erweist sich dort, wo ihm trotz seiner Vorliebe für das Formale Leidenschaften gelungen sind. Wo er das Rhetorische naiv behandelt, entsteht Anmut.

*

Hegels *Phänomenologie des Geistes,* überhaupt die Schwärmerei, die sein Zeitalter der Entwicklung des Bewußtseins entgegenbrachte, erscheinen mir wie ein verlorenes Paradies. Wo das Erkennen als Prinzip der Lust aufgefaßt werden darf und wo die Natur einen unendlichen Anlaß hierzu bietet, erscheint die Vergänglichkeit des Subjekts aufgehoben. Alles, was besteht, ist Grund zur Erkenntnis. Auch der Tod bleibt Gegenstand der Neugierde.

*

Bertrand Russell litt unter Schwermut, die eine Folge seiner erkenntnistheoretischen Bemühungen war. Dieser große englische Moralist versuchte Wissenschaft und Transzendenz so lange zu vereinigen, bis er die Unvereinbarkeit beider eingestehen mußte, ja er erschrak vor den Konsequenzen seiner Erkenntnis, die die erhoffte Transzendenz nicht beweisen, sondern leugnen mußte.
Seine Schwermut macht deutlich, wie sehr die denkende Vernunft in der metaphysischen Bedürftigkeit ihren Grund hat, und Russells Eingeständnis, er hätte mit den Mitteln der Physik immer nur Gott gesucht, benennt jenen Grad an Verzweiflung, der eintreten muß, wenn wir unserem Bewußtsein das Unmögliche abverlangen.

*

Goethe machte Schiller mehrmals darauf aufmerksam, besonders als dieser sich über die Brüder Schlegel ärgerte, er würde zuviel von den Menschen halten. Man kann sich schwer vorstellen, daß Goethe sich für Schillers Ansicht, die Bühne sei eine moralische Anstalt, begeistern konnte. Wenn man die Freunde und ihre Ambitionen vergleicht, muß man sagen: Schillers Welt war die moralische Befindlichkeit des Menschen, Goethes Welt die Neugierde für die Natur.
Schiller sind in seinen Dramen unvergleichliche moralische Eruptionen gelungen, aber wo Goethe in das Transzendentale vorstieß und den Menschen negierte, war er Schiller überlegen. Die konsequenteste Negation des Menschen gelang Goethe im *Faust,* der ohne das Salz des Bösen, ohne »jenen Geist, der stets verneint«, unter seiner trübsinnigen Studierlampe eingeschlafen wäre. Dieses Drama kennt keine Moral. Die Gretchentragödie hat ihre Ursache nicht in der Treulosigkeit des geliebten Heinrich, sondern in der Negation des Menschen durch jenen Mephisto, der dem phantasielosen, erlebnisarmen Faust die eigene Gattungsgeschichte wie eine Fata Morgana vorspiegelt. Daß er zuletzt von seiner Beute lassen muß, hat wieder private, die Bereiche der Moral nie berührende Gründe. Faust wird weder durch das Evangelium, weder durch den Sieg der Moral über die Unmoral, des Guten über das Böse, des Bejahenden über das Verneinende, noch durch irgendwelche poetischen Verkleidungen, die den Sinn der menschlichen Existenz ver-

klären sollen, gerettet, sondern: »Das ewig Weibliche zieht uns hinan.«
Die Begegnung mit dem Weiblichen war für Goethe eine Naturgewalt, die er ins Ewige erhob, so wie er alles, was ihm am Menschen imponierte, dem Pantheistischen zugute schrieb. Wir kennen seine Bemerkung, Dante sei kein Mensch, sondern Natur, und er mag, als er Fausts Rettung konzipierte, Beatrice vor Augen gehabt haben, die in der *Göttlichen Komödie* als Inkarnation des Paradiesischen erscheint.

*

Wenn Faust zu den Müttern hinabsteigt, um die Welt der Griechen vor die Augen einer vergnügungssüchtigen Hofgesellschaft als schönen Schein zurückzuzwingen, wenn er ihnen Paris als Muster feudaler Eroberungswünsche vorführt, wenn er mit Helena, dem Muster weiblicher Schönheit, ein Kind zu zeugen versucht, so macht uns die parasitäre Bedürftigkeit jener Ansammlung von Hofschranzen, die mit der Erfindung des Papiergeldes zu raschem, flüchtigem Wohlstand gekommen sind und diesen nun in der übermütigsten Weise genießen wollen, so macht uns die metaphorische Überhöhung des Weimarer Hofes, die Goethe hier vollzogen hat, wehmütig. Welche Höhe an Zivilisation aus Zeitvertreib! Und wie arm sind die Mittel, die heute der sogenannten höheren Gesellschaft in der gleichen Sache noch verblieben sind.

*

Goethes Maxime, der Künstler müsse der Zeit gebieten, wird wohl immer ein frommer Wunsch bleiben. Er selber hatte den Willen zum Mittelmaß, und seine Ehe mit Christiane Vulpius, über die Schiller den Kopf schüttelte, war für ihn lebensnotwendig. Goethe wußte, wie gefährdet das Genie ist, wenn es sich nicht willentlich im Durchschnittlichen verankert. Vielleicht resultiert daraus seine intuitive, bis in die Bockigkeit reichende Ablehnung all jener Zeitgenossen, die auf Grund überragender Fähigkeiten ihre Fähigkeit zu leben verloren hatten: Kleist, Lenz, Hölderlin, um nur einige zu nennen.
Goethe hatte mit Schiller genug zu tun, sich jene unbedingte Emphase vom Leib zu halten, die keine auch noch so reich ausgestattete Individualität ein Leben lang durchhalten kann. Er ordnete seine Empfindungen und Reflexe umständlich, mit bemühter Sachlichkeit. Börne hatte Unrecht, wenn er diese Manie Goethes, die seinen Stil so unnachahmlich prägte, als leidenschaftslose Arroganz auslegte.

*

Goethe an Zelter – Weimar, 13. Juli 1804
Ihr Aufsatz, verehrter Freund, hat mir und einigen Eingeweihten, denen ich solchen kommuniziert, viel Vergnügen gemacht, ja er hat uns erbaut, und wir sind in

unserer Überzeugung vom Guten und Rechten gestärkt worden. Er ist ganz aus dem Grunde des Charakters und des Talents hervorgegangen und muß auf einigermaßen empfängliche Gemüter die lebhafteste Wirkung hervorbringen. Was aber wird die Welt daran finden und daraus machen, die nicht gern hören mag, wenn man die Klagepunkte gegen sie artikuliert, und die freilich nicht daran denken kann, einen würdigen Genuß zu schaffen, den sie nicht kennt, sondern vielmehr nach einem flüchtigen hascht, der sich aus ihr selbst gebildet hat und ihr also gemäß ist.
Sehr schlimm ist es in unseren Tagen, daß jede Kunst, die doch eigentlich nur zuerst für die Lebenden wirken soll, sich, insofern sie tüchtig und der Ewigkeit wert ist, mit der Zeit im Widerspruch befindet und daß der echte Künstler oft einsam in Verzweiflung lebt, indem er überzeugt ist, daß er das besitzt und mitteilen könnte, was die Menschen suchen.

*

Goethes Feststellung ist immer noch gültig. Auch die Literatur ist ein Bedürfnis ihrer Zeit, wird aber von jenen, an die sie gerichtet ist, ihrer Zeitgenossenschaft wegen oft übersehen. Statt dessen werden Surrogate, die der Literatur auf modische Weise ähneln, um so sicherer aufgenommen. Da Mode aber immer im Unbehagen endet und die nächste Mode dieses Unbehagen nur für kurze Zeit hinwegzaubern kann, bleibt der Rückgriff auf alle überkommene Literatur erhalten.

So las man in den zwanziger Jahren, nachdem man sich durch das Modische überanstrengt hatte, hin und wieder Balzac, zur Not auch Goethe, aber nie Kafka.

*

Die Dramen Shakespeares und der *Faust* von Goethe vereinigen Anschaulichkeit und spekulatives Denken, und für Hegel war das Drama die höchste Form der Literatur. Lukács hat dies nachgeplappert und die Entstehung des Romans als Krise des Dramas gedeutet. Natürlich haben beide Gattungen ihre Verdienste, und das moderne Drama hat sich seit Büchner der Prosa angenähert. Mir scheint, dies war kein krisenhafter, sondern ein natürlicher Prozeß.
Die Aufschlüsselung der Psyche des Menschen führte zu einer Verinnerlichung, die auch auf die Form der Literatur Einfluß nehmen mußte. Balzacs Romane sind noch konstruiert, dramatisch zugespitzt, Ibsens Dramen sind schon dialogisierte Romane.
Allein die Prosa ist in der Lage, psychische Befindlichkeiten minuziös darzustellen ohne Rücksicht auf Zeit und Raum. Das Drama muß Gesetze beachten, die der Ermüdung des Publikums vorbeugen. Man kann Proust, der rigoros ausufert, ein Jahr lang mit Muße und Gewinn lesen, auf der Bühne müßte man seinen Sachverhalt in drei Stunden rekapitulieren, was unmöglich ist.
Trotzdem halte ich eine Bewertung in der Literatur nach den Kategorien der Totalität, wie Hegel sie lehrt,

für verfehlt. Maßstab aller Dinge bleibt der Realismus. Tschechows Erzählungen rühren uns genauso an wie Shakespeares Dramen.

*

Die Verzärtelung, deren Aberziehung Nietzsches ideale Forderung war, gehört zur entwickelten Individualität.

Nietzsche irrt, wenn er den »Meilensteinmenschen«, den er der Renaissance zubilligt, ausschließlich durch Attribute wie »Wille« und »Macht« ausgestattet sehen will. Es sind der Skrupel, die Irritation, die das große Individuum auch in seinen wichtigsten Unternehmungen begleiten und hindern.

Der Durchschnittsmensch paßt sich an. Wo er zur Herrschaft gelangt, multipliziert er lediglich sein Gespür für Gelegenheiten, sein Sammelsurium an Ressentiments. Er genießt die Macht, aber irritationslos. Und wo die Irritation fehlt, sind »Wille« und »Macht« nur noch Mittel zur gedankenlosen Roheit.

Was hat Hamlet seinem Onkel, dem Brudermörder Claudius, voraus? Des Gedankens Blässe. Die Gradlinigkeit, die Phantasielosigkeit, mit denen Claudius seinen Begierden Geltung verschafft, verblassen neben der überragenden Individualität jenes Mannes, der aufgerufen ist, die Ermordung seines Vaters zu rächen und dies auch will, aber an der Verzärtelung seines Willens scheitert. Hamlet reflektiert seinen Willen bis zum vorgetäuschten Wahnsinn, weil ihm die bestienartige

Befriedigung, die Nietzsche an Claudius feiern würde, gedanklich und damit psychisch unmöglich geworden ist.

*

Wo das starke Individuum auf sich selbst verwiesen ist, beginnt der freie Fall.

Othello wird meistens als Eifersuchtsdrama gelesen und der Mord an Desdemona als Konsequenz einer Intrige. Aber Shakespeare blickt tiefer. Eifersucht will Klarheit, sie entsteht aus permanenter Angst, das geliebte Objekt zu verlieren und ist die vollkommene Wachheit, die den Blick nach innen nicht kennt, weil sie das Äußere, den Grund ihres Mißtrauens, im Auge behalten muß.

Othello aber liebt seine Desdemona eifersuchtslos. Er ist außerstande, sich über jenen Verdacht, den Jago ihm eingegeben hat, Klarheit zu verschaffen. Ja, er wünscht die Unklarheit, da er nun seine Zuneigung, die schon als Normalität sein Gemüt übererregt, bis zur Selbstzerstörung genießen kann. Und hier beginnt der freie Fall. Das stolze, starke Individuum wählt eher den Tod als die Ernüchterung. Ihm ist die vom Verdacht gereinigte Leidenschaft keine Leidenschaft mehr. Othello erhält sich die Liebe zu Desdemona, indem er die behauptete Treulosigkeit hinzuaddiert und die dadurch entstandene Unvereinbarkeit bis zum Exzeß steigert.

*

Macbeth scheitert, weil seine politische Begierde durch ein sublimeres und, wie sich herausstellt, stärkeres Begehren aufgezehrt wird. Er scheitert an jenem Widerspruch, den Hamlet zur Ursache seines unglücklichen Bewußtseins erklärt, der aber doch die Zivilisation des Menschen ausmacht, nämlich: »Thus conscience does make cowards of us all.« Die Rigorosität, die Macbeth leisten will und auch leistet, erzeugt gleichzeitig ein Übermaß an Irritation, so daß er keinen Gegner aus der Welt schaffen kann, den ihm die Psyche nicht als Untoten wieder vorgaukelt.

Trieb und Gegentrieb, dies ist die Hölle, in der sich der zivilisierte Mensch aufreiben muß, und jeder Versuch, der Unvereinbarkeit unserer Existenz den Stachel zu nehmen, ist zum Scheitern verurteilt.

*

Die Trennung von Trieb und Intellekt gehört ins Reich der Vorstellung. Es gibt nur das Triebhafte, auch die Hervorbringungen des Intellekts sind ein Produkt der Triebhaftigkeit.

Die Handlung aus Begierde geschieht ebenso unumgänglich wie die Gedankenarbeit, die diese Handlung begleitet, ja ihr oft widerspricht. Beides, Denken und Tun, ist stoffwechselbedingt, das Geistige ist nur die sublimere Form aller sonstigen Triebe.

*

Die natürliche Zuchtwahl, die Nietzsche in seinen letzten Notizen für die menschliche Gattung geltend machen will, wird durch die Zivilisation unnötig. Zivilisation ist die zweite Natur des Menschen, die er sich geschaffen hat, um das gnadenlose Fressen und Gefressenwerden für sich nicht gelten zu lassen.
Der Mensch, der durch die Zivilisation getötet wird, ist schutzloser als jedes Tier, da die Natur zwar selektiert, aber keine Heimtücke kennt. Zivilisation, die tötet, ist Heimtücke, die in der Natur nicht ihresgleichen hat.
Nietzsches späte Gedanken sind durchaus heimtückisch, indem er die Zivilisation zum Instrument elitärer Barbarei umfunktionieren will.

*

Der Intellekt widerspricht der Arterhaltung. Wir sind aus der Evolution entlassen.
Die Behauptung Hegels, die Menschheit würde sich durch Zunahme an Wissen der göttlichen Ungebundenheit nähern, hat sich auf zynische Weise erfüllt. Wir haben durch Erkenntnis die Freiheit erlangt, die Existenz der Gattung zu verlängern oder abzukürzen.
Unsere Freiheit kann nicht mehr Einsicht in die Notwendigkeit genannt werden, da wir mit der Entwicklung thermonuklearer Waffen jede, auch die eigene Notwendigkeit ad absurdum geführt haben.

Unser Verhängnis ist nun nicht mehr jenes Ausgeliefertsein an eine uns feindliche Natürlichkeit, die wir mit Hilfe des Intellekts niederringen können, unser Verhängnis ist der Intellekt selbst. Er scheint in der Lage, unsere auf das Leben gerichteten Begierden derart bedingungslos und in einer Weise ins Recht zu setzen, die das Leben selber abschafft.

*

Letzter Grund aller Zivilisation bleibt die Sinngebung. Es ist die Aufgabe des Intellekts, diesem Grund eine ethische Wendung zu geben.

*

Es ist überhaupt Aufgabe des Intellekts, durch Selbstbescheidung Gründe der Vernunft geltend zu machen.

*

Das Erkennen schreitet so lange fort, bis es alle Gründe zu seiner Umkehr erkannt hat.

*

Der auf den eigenen Grund gerichtete Intellekt wird heimatlos.

*

Eine Zivilisation, die nur der Aufklärung verpflichtet bleibt, führt sich ad absurdum und wird ihren Sinn in der Beliebigkeit des »Jenseits von Gut und Böse« suchen müssen.

*

Ideen entstehen aus Abenteuerlust am Denken. Ideologien sind fixe Ideen.

*

Novalis' Bemerkung, die Natur sei wie eine gespannte Feder, umschreibt auf naive Weise das Gesetz der Thermodynamik. Die Gefahr der Entropie erledigt sich durch den Hinweis auf Gott. Tröstliche Romantik.

*

Für die indische Philosophie ist das Wesen der Natur Geistigkeit, das Materielle dessen bloße Form. Diese Vorstellung blieb über Jahrtausende unerschüttert, und der ewige Anschauungswechsel, der die europäische Philosophie beherrscht, ist den Indern unerklärlich.

Das europäische Denken ist schwerer zu ertragen, weil es den Widerspruch zwischen Materie und Bewußtsein nicht auflöst und also die Wucht der Unvereinbarkeit beider aushalten muß. Die Europäer schwanken zwischen Rationalismus und Irrationalismus, zwischen Aufklärung und Mystik, zwischen Zuversicht und Fatalismus, und was wir an uns human nennen dürfen, ist jene aufrechte Haltung, mit der wir das Unvereinbare ertragen gelernt haben.

*

Wo die Betroffenheit vor dem Zustand des Todes nicht mehr gelingt, wird das Leben schamlos.

Die Massengräber des Zweiten Weltkriegs, in denen Ermordete verscharrt wurden, aber auch die Gräber sowjetrussischer Straflager, auf denen der Tote die Numerierung, die dem Lebenden verordnet wurde, beibehalten muß, kennzeichnen jene Verrohung gesellschaftlicher Zustände, in denen die abstrakte, behauptete Weltanschauung alles, die Individualität nichts mehr bedeuten soll.

Aber was ist das Leben anderes als Individualität, die durch die Entwicklung des Intellekts auch noch dazu verdammt ist, sich selbst in die Sphäre des Gewußten zu heben?

*

»Der du vorüberfährst an diesem Grabe, dem meinen, hemme, ich bitte darum, Fremder, die eilige Fahrt!«

»Fragst du, welches Gebein in diesem Grabe verschlossen, lies diese Verschen; es wird in aller Kürze dir kund.«

(Römische Grabinschriften)

Wie man die Toten ehrt, so lebt man. Wo sie eine Sprache behalten dürfen, entsteht Heiterkeit. Auch angesichts absoluter Vergänglichkeit.

*

Schopenhauer hat versucht, die fernöstliche Gedankenwelt auch für uns nutzbar zu machen, indem er die denkende Individualität zur Sache der Form erklärt. Aber ob wir wesentlich oder unwesentlich existieren, wir bleiben Einzelheiten. Die Sehnsucht nach Transzendenz entsteht aus eben diesem Sachverhalt.
Insofern ist auch die Vorstellung der Seelenwanderung

eine Sache der denkenden Individualität. Sie will hier etwas Unmögliches leisten: Sie will ihre Existenz sichern, indem sie sie abschafft.

*

Sehnsucht ist ein Verweilen im Unbestimmten, und je weiter dieses Über-sich-hinaus-wollen gelingt, desto besser. Die Enge der Individualität wird übersprungen, aber gleichzeitig gesteigert, und so entsteht jenes Gefühl von Vergeblichkeit, das man als schmerzvolle Lust genießen kann.

*

Es gibt eine Würde des Namenlosen. Wo politische Macht oder außergewöhnliche Leistung den Tod durch Andenken in seiner Endgültigkeit mildern, wo die Zivilisation die Namen tatsächlicher oder nur angemaßter Persönlichkeiten für Jahrhunderte im Gedächtnis aufbewahrt, herrscht gleichzeitig jene namenlose, in die Millionen, nein in die Milliarden und Abermilliarden anwachsende Vergänglichkeit jener, für die der Tod nicht nur das Auslöschen aller Befindlichkeit, sondern den Widerruf des Lebens bedeutet.
Aber dieses spurenlose Vergehen, dieses unwiderrufliche Vergessen, dieses der Zeit absolut Ausgeliefertsein, diese Vergeblichkeit des Lebens rührt uns unwider-

stehlich an, besonders wenn wir gehalten sind, das Andenken einiger weniger immer und immer wieder zu ehren.

*

Wie soll man leben? Wie soll man die Unvereinbarkeit unserer Existenz zu jener Ruhe bringen, in der das regellose Gegeneinander unserer Bedürfnisse, Wünsche, Hoffnungen erträglich gehalten wird?
Das einfache So-Sein, der paradiesische Zustand, der auch vom Tier nicht erreicht werden kann, ist hier nicht gemeint. Jede Einzelheit hat die Welt gegen sich und muß sich jene Grenze erkämpfen, auf der sie für eine kurze Weile beharren kann. Im Stoffwechsel mit der Natur, wo dem Leben eine primitive Aggressivität abgenötigt wird und wo der Instinkt schon eine Form des Ego genannt werden kann, gelingt dies fast unbewußt. Die Zivilisation nötigt dem einzelnen eine bewußtere Aggression ab, aber auch hier können Rücksichtslosigkeit, Gemeinheit, Wortbruch, Untugenden, die das Unbewußte fördern, zum angenehmen Leben führen. Erst die Hölle des bewußten Seins weiß jene Grenze, die der einzelne gegen sich selbst geltend machen muß. Der Wunsch, der nicht erfüllt werden kann, die Gemeinheit, die sich ein Gewissen macht, das Lebenwollen unter der Gewißheit des Todes usw. sind jene Unvereinbarkeiten in uns, sind Trieb und Gegentrieb, die wir aushalten müssen. Sie abzuschaffen hieße uns selbst abschaffen.

Versuche, die Unvereinbarkeit unserer bewußten Existenz durch rigorose Sittlichkeit zu mildern, wie dies Franz von Assisi getan hat, sind bewundernswert. Sie schaffen ein Höchstmaß an Ruhe dort, wo die Unruhe unser Verhängnis ist.

*

Wo die Melancholie nicht mehr gelingt, jene Traurigkeit, die wir nötig haben, um die Vergeblichkeit unserer Anstrengungen zu überdenken und ertragen zu lernen, beginnt jenes Vakuum, das durch Abwesenheit von Religion, Aberglauben, Illusionen, Naivität, Idealen entsteht und in dem unsere Psyche keinen Vorwand zum Leben mehr finden kann, auch keine Selbsttäuschung, keine Vorstellung von Glück, Neugierde, Hoffnung usw., kurz, wo der unbedingte Wille zur Aufklärung bis zur Tabula rasa erfolgreich war, betreten wir das Zeitalter der Depressionen.

*

Melancholie ist ein Ausruhen zwischen zwei Hoffnungen, Depression Hoffnungslosigkeit.

*

Hoffnung entsteht aus Interesse am Leben.

*

Wo der einzelne sein Schicksal verweigert, opfert er sich der Tendenz. Die Tendenz ist die Summe all jener Verweigerungen, die allerdings als Schicksal verstanden werden muß.

*

Alle Philosophen meinen mit der Wahrheit jene Mitte, die sie nicht erreichen können, aber doch wollen, und die Abweichung von jener Mitte, in welcher Richtung sie auch betrieben wird, ist bloße Differenz ein und derselben Sache.

*

Das irritierte Bewußtsein hält ständig Ausschau, um sich zu beruhigen. Aber es sieht nur sich selbst.

*

»Ein Licht brennt in der Finsternis, die Finsternis weiß nichts davon.« Wäre es so, wäre die Finsternis zu beneiden.

*

Schön bei Kierkegaard die Beschreibung seiner Lust an geistiger Arbeit: Er fühlt seinen Kopf schwer von Gedanken und neigt ihn tief wie eine überreife Ähre, um die Ernte zu Papier zu bringen.

*

Es gibt keinen Fortschritt, nur ein Fort-Schreiten des Menschen aus der Natürlichkeit ins Ungewisse seines geistigen Abenteuers.

*

Der Geschmack, mit dem sich vergangene Generationen einzurichten wußten, zieht uns unwiderstehlich an, und der Wunsch, sich mit einem überkommenen Interieur zu umgeben, hat seinen Grund in der Sehn-

sucht nach Kontinuität, die nur möglich ist, wenn wir die Attribute der Vergänglichkeit, die wir geschaffen haben, sammeln und in Ehren bei uns behalten. Diskontinuität in der Kultur oder Kulturlosigkeit überhaupt können das gegenwärtige Leben voraussetzungslos und damit untröstlich machen.
Wo Gegenwart und Vergangenheit gegeneinander vereinsamen, wird der Hinweis auf die Zukunft belanglos.

*

Im November kommen die Nebel. Es herrscht jenes trübe brandenburgische Wetter, das den Himmel und die Horizonte verhängt, aber den Blick auf die Havel noch freiläßt, wo die Angler frieren, wo die Schleppkähne eilig vorbeidrängen und sich im Unbestimmten verlieren. Es ist dies eine Stimmung ohne Weite und Aussichten, aber die Abgrenzungen, in denen der Blick umherschweifen kann, erlauben noch kein Gefühl der Enge.
Man wandert in der Unentschlossenheit seiner Empfindungen, sieht ein verwittertes Steinkreuz, dessen Bestimmung offenbar vergessen wurde, und liest auf der Mauer eines Plateaus die unleserlich gemachte Parole »Rache für Potsdam«.
Was wird aus den Deutschen? Verlieren sie bei aller Zerrissenheit, die ihnen auferlegt wurde, die Fähigkeit Zerrissenheit zu empfinden? Verlernen sie jenes Hin und Herschwanken des Geistes, das nur ihnen gegeben war, dieses Schiller oder Novalis, Hegel oder Schopen-

hauer, Marx oder Nietzsche, Aufklärung oder Romantik, diese entschiedene Unentschiedenheit zwischen glücklicher und unglücklicher Empfindung?
Der Ausblick auf Potsdam kann nicht gelingen, und auch die Betonmauer hinter dem Schilfgürtel am anderen Havelufer, jene Grenzmarkierung, über die Krähen und Möven hinwegfliegen, verschwindet im Ungefähren. Keine zehn Schritte von hier, mitten aus einem Gestrüpp kniehoher Buchen, steigen zwei Stockenten hoch.

*

Wir leben in einem Zeitalter, das sein Selbstverständnis verliert. Jede Epoche entwickelt eine Vorstellung davon, was sie ist, sein möchte und versucht ihre Ideale und Wertkategorien für eine Ewigkeit einzurichten, auch wenn dies nicht gelingen kann. So bestand die Kraft, das Selbstverständnis des römischen Imperiums nicht zuletzt im Unvermögen seiner Bürger, sich das Ende desselben vorzustellen. Wer Tacitus liest, hat einen Begriff davon, wie sehr hier für die Ewigkeit geschrieben wurde, und Plinius d. Ä. hätte seine Enzyklopädie nie geplant und ausgeführt, wenn er den Untergang des römischen Imperiums auch nur geahnt hätte. Man stelle sich nun eine Gesellschaft vor, die Freiräume zur Entwicklung intellektueller und sonstiger Fähigkeiten in Hülle und Fülle bereithält, der aber jede Idee, jede Vorstellung von Freiheit abhanden gekommen ist. Man stelle sich eine Gesellschaft vor, die es dem einzelnen erlaubt, seine Eigenheiten und charakterlichen Anlagen zur Wirkung und Entfaltung zu bringen, ihn aber gleichzeitig daran hindert, weil sie es verlernt hat, ihre Vorzüge zur Idee zu erheben.

Diese Gesellschaft wäre unsere Zukunft, wenn wir uns weiterhin so beharrlich weigern, Ideale und Wertkategorien als Mittel zum Leben zu begreifen, ganz so wie Essen, Schlafen, Trinken. Eine Gesellschaft, die ihre Vorzüge nicht zur Idee erheben kann, verödet zur materialistischen Geschäftigkeit, an der letztlich nicht einmal die leidenschaftslose Beamtenseele ihr Genüge haben kann.

Kierkegaard hat darauf hingewiesen, wie sehr die Individuen veröden müssen, wenn sie sich zueinander nicht über das Mittel der Idee verhalten, sondern versuchen, ganz ohne Wertmaßstäbe, sozusagen in schamloser, rücksichtsloser Offenheit miteinander auszukommen:

»Dann drücken und puffen und reiben sich die Individuen in müßiger Äußerlichkeit aneinander; denn es gibt keine Schamhaftigkeit der Innerlichkeit, die mit Anstand den einen von dem anderen entfernt, dann ist da Bewegung und Bewegung, die zu nichts führt. Die einzelnen haben nichts, und in Gemeinschaft besitzen sie auch nichts ... Der Fluß der Ideen ist gesperrt, die Individuen sind sich selbst und einander in die Quere gekommen, der selbstische und der gegenseitige Reflexions-Widerstand sind wie ein Sumpf – und man sitzt nun drinnen. An die Stelle der Freude tritt nunmehr ein gewisses greinendes Mißvergnügen, an Stelle des Leides eigensinnig zähe, halsstarrige Ausdauer, an Stelle der Begeisterung eine redselige Erfahrungs-Verständigkeit.«

Dies zur Ideenschwäche westeuropäischer Demokratien. In den Gesellschaften sowjetrussischer Prägung gilt das Gegenteil. Hier wird jenes Leben zur herrschenden Idee erhoben, das in Wirklichkeit nicht existiert.